圖解

理財幼幼班 3

災難投資法

亂世求勝的生存法則

An Illustrated Guide to Finance Management 3

Dr. Jackie Chien

法學博士 錢世傑 —— 著

目次

Chapter

2 人性篇

Chapter

3 操作篇

Chapter

4 停利篇

Chapter

5 結論

序

藏在數據中的密碼

身為一位數據控，碰到數據都喜歡拿來分析一下，無論是人口結構、施政策略、理財投資，都是筆者研究的領域。數據，由一大串數字與符號堆疊組成，讓人讀得昏昏欲睡、眼花撩亂。

還記得第一次看的人口數據是每一年的「單齡人口」，當時取得的單齡人口數據資料是一個 EXCEL 檔案，縱軸是從 1974 年到 2015 年，橫軸則是 0 歲到 100 歲以上各年齡的人數，每一個年齡除了總數之外，還拆分成男性與女性的人數，密密麻麻的數字，如果縮小起來（如下圖），根本不知道裡面有什麼奧妙？

年底別 End of Year	性別 Sex	總計 Grand Total	0歲 Years	1歲 Years	2歲 Years	3歲 Years	4歲 Years	5歲 Years	6歲 Years	7歲 Years	8歲 Years	9歲 Years	10歲 Years	11歲 Years
六十三年 1974	計 T.	15,927,167	328,461	357,405	359,674	372,532	384,269	387,447	387,354	371,223	399,826	395,966	404,183	410,366
	男 M.	8,364,012	169,774	184,404	184,774	191,559	197,962	199,285	199,386	191,252	205,404	203,007	207,859	210,346
	女 F.	7,673,588	158,687	172,999	174,900	180,995	186,307	188,162	187,968	179,971	194,432	192,959	196,344	200,020
六十四年 1975	計 T.	16,223,089	338,281	356,170	361,418	363,206	373,316	383,972	386,586	386,556	371,539	399,274	395,069	403,798
	男 M.	8,601,391	174,666	183,721	186,206	186,603	192,020	197,714	198,687	199,348	191,485	205,054	202,554	207,631
	女 F.	7,721,698	163,615	172,449	175,272	176,603	181,296	186,258	187,899	187,348	180,054	194,220	192,515	196,167
六十五年 1976	計 T.	16,579,737	384,159	363,303	360,130	361,332	362,302	374,260	385,147	387,629	371,304	400,469	396,283	
	男 M.	8,678,365	199,009	186,722	185,413	186,205	186,037	192,441	198,164	199,062	199,537	191,160	205,463	203,067
	女 F.	7,901,572	185,150	176,581	174,717	175,127	176,265	181,819	186,983	188,120	188,092	180,144	195,006	193,221
六十六年 1977	計 T.	16,882,053	359,847	418,591	364,410	359,884	360,715	360,852	372,736	384,681	397,121	387,337	370,800	399,791
	男 M.	8,829,635	186,055	216,114	187,440	185,439	185,913	185,125	191,560	197,782	199,030	199,336	191,055	204,945
	女 F.	8,052,418	173,792	202,477	176,970	174,445	174,802	175,727	181,176	186,899	188,091	188,001	179,745	194,846
六十七年 1978	計 T.	17,202,491	375,802	386,671	420,608	366,800	361,275	360,716	360,058	372,464	383,789	386,069	386,582	369,911
	男 M.	8,991,263	195,214	199,426	217,055	188,831	186,052	186,080	184,813	191,666	197,651	198,664	199,036	190,675
	女 F.	8,311,228	180,588	187,245	203,553	177,969	175,245	174,636	175,245	180,798	196,138	187,405	187,546	179,236

一開始當然看不出來有什麼神奇之處，但是慢慢地發現老年人口增加、女性總人數超過男性、虎年出生人口會陡降……等，搭配著各種數據，愈來愈能發現其中的異常點，像是房價為何會上漲、大戶房子近年來突然不熱門了，都可以找到合理的理由。

從密密麻麻的數字中找到問題的答案，猶如在南印度洋找尋寶藏的探險家，最後經過一番火山爆發、海盜襲擊、地底大蜥蜴的突襲，終於找到了夢寐以求的寶盒，最後的一刻非常讓人興奮，整個過程更讓人著迷。

看見別人看不見的盲點

我好不容易念完了法學博士學位，出版的法律書籍也都賣得不錯，一切一切都是那麼美好。然而，難以忘情數據分析的我，暫停了法律出版的腳步，如同搭上了海盜船一樣，踏上了陌生、波濤洶湧的投資理財道路。

從財務分析開始學習，第一次看的是日本的翻譯書《算股》，這是一本淺顯易懂的好書，對於從未看過財報、年報，更別說上過財務分析課程的我，這本書教了幾招看懂財務分析異常的訣竅，也讓我初嘗投資領域中找尋數字寶藏的快樂。

接著，我陸續學習了技術分析、籌碼分析等，加上本身對於證券犯罪、行為經濟學、泡沫的研究，喜歡解讀數字、線圖的脈絡；我逐漸發現一件事情，居然鎖定的股票最後的下場都不是很好，慢慢地在心中浮現出一種感覺，自認為已經是財經界少數能看到異常的數據工作者，只是這一條路還很漫長。

財經郎中比比皆是

來到遍地黃金的理財界，誰不想賺錢？

許多人研究出市場的一些規律後，開始靠課程賺錢，畢竟市場就算看得準，但還是會有誤差，稍有不慎就跌得狗吃屎，所有投資付諸東流水，於是乎靠著教人投資賺錢才是穩賺不賠的生意。

只是一堆投資理財課程，七成八成甚至九成都是心術不正、亂七八糟的內容，只是透過包裝，三個小時開價一萬、兩萬或十萬，甚至於有二、三十萬的誇張價格，卻根本學不到什麼絕招；不過只要內容好，價格貴一點也沒差，只是內容好的真的不多，而且通常與價格成反比。

就算沒有想要騙人，所提出的方法也是破綻百出，像是很多人鼓吹當沖、期貨選擇權交易，讓資本小的散戶有了短期賺大錢的夢，但賺到了錢嫌自己投入得少，等到投入多了又馬上賠錢畢業；還有鼓吹長期投資者，報了許多明牌，宣稱只要長期投資，時間夠長就能大賺，但股票變數太多，往往時間還沒拉長就已經成為壁紙；比較安全的方法像是 0050 投資，可是最近都在高檔，也買不到便宜價，所以只好轉換一些操作方式，利用 KD 指標 20 至 80 的區間操作，於相對低價時買進，相對高價時賣出，只是這樣子操作方法還是買在相對高價。

當我這一位非純正財經人冷眼壁上觀看到了這些盲點，經過了幾年的研究，發現自己也有一套還不錯的「災難投資法」，所謂災難投資就是低價買進，概念類似於 0050 的操作，但又剔除掉 0050 屬於單一地區市場的弊病，放眼全世界各種可以操作的標的進行觀察與投資，誰的價格殺到見骨，就投資哪一個標的。

目前我自己透過實際操作，已經有中東、日本、中國與俄羅斯的四次經驗，這一本書就是把這四次經驗的成功與錯誤分享出來，並分析為什麼會犯這些錯誤，又該如何修正操作之道，包括如何找標的，如何找投資工具，怎麼看泡沫，如何克服操作時的心理魔障，有超過一百張的圖表讓大家能用最輕鬆的方式學到「災難投資法」，也期待這一個方法能讓大家長時間穩定獲利，而不會學了半天的投資知識，最後都是一場空。

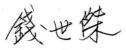

2019 年 1 月 15 日

Chapter

1

基本知識篇

誤打誤撞的一條路

《台藝大的國際關係課程》

剛受聘於台灣藝術大學的時候，校方詢問我是否可以教一堂兩小時的法律與生活，一堂兩小時的國際關係？

國際關係？身為法律人，教法律課程當然沒問題，但是一聽到國際關係這門課，還真是讓人猶豫；反覆沉思之後，相較於好幾任總統也都是法律出身，教個國際關係的課程那有什麼難的。可是身為一位負責任的老師，不太熟悉的課程接下去，如果教不好，會愧對修課的學生，一世英名可不能因此而毀了。

身為法律人的我，每天翻閱著可以助眠的枯燥法律書，多麼希望能在藝術殿堂中當一位教授，這種感覺有點虛榮但卻是內心的渴望。到底要不要接受課程的邀約呢？這時候突然靈光乍現，國際關係不一定要從政治面出發，也可以從國際投資的角度。

仗著自己擁有兩個商學碩士（MBA），博士論文的核心也與「法律經濟學」有關係，又有在許多學校講授「商事法」的經驗，怎麼說也有「經濟」兩個字的影子，更曾經有多次派至國外參與國際會議與演講的經驗，如果能夠將這幾個領域的知識整合起來，應該也算是新穎的內容，當下一口答應了國際關係這門課。

這門課，該從哪邊起頭呢？

當時自己正採取「災難投資法」進行投資，災難可以分為天

然災難與人為災難，如果屬於人為災難，則背後複雜的國際關係是一個重要環節，例如中東茉莉花革命時，許多王室被迫下台是否會動搖國本，必須對中東地區王室結構進行了解，回教什葉派與遜尼派的爭執背景加以分析，才能研判出未來的發展，進而做出正確的投資決策；凡此種種，都是有趣的切入點。

剛開始上課，正值美國實施量化寬鬆制度，歐盟與日本隨後也正跟進；每次國際間有新的趨勢，都強迫自己要將這些國際間的事件製作成簡報檔，像是瑞士負利率、墨西哥百年債券、大陸滬港通……等，以製作上課教材為一開始的動機，久而久之竟也逐漸養成製作簡報檔的習慣，2 年過後，各式各樣的簡報檔居然累積了超過 3,000 頁。像是董監改選行情、可轉換公司債、減資、增資、庫藏股，接著如財務分析、技術分析、籌碼分析、證券犯罪，還有利率、匯率、外匯存底等議題，不斷地擴增範圍；除了擴增研究的主題外，新的知識與舊有的知識相結合，譬如證券犯罪與泡沫型態學相結合，並加上籌碼分析。如同柯南般發現許多犯罪的蹤跡，也大大地引起學生學習的興趣，學生現場的回饋也讓我自己愈教愈有成就感。

《鐵達尼世代的選擇》

● 大前研一口中的團塊二代

我的臉書擁有 3,000 餘位臉友，有一次在臉書寫了有關於「鐵達尼世代」題材的貼文，獲得超過 350 位點讚，60 幾則回應，而且討論相當熱烈。所謂「鐵達尼世代」，是指出生於 1976 至 1982 年區間的朋友，他們紛紛跳了出來，很有感觸地說出自己面臨到的各種處境，還補充說明這個世代各種「帶賽」的狀況。

為何特別提到 1976 至 1982 年出生的朋友呢？

源起於數年前受邀於各單位主講理財投資的議題，本來以為投資理財是年輕人會來聽，但大多數的場子，看到的居然都是「成熟穩重」的聽眾，有些人還能明顯看出殘留在眼尾的皺紋；基於好奇心使然，隨機詢問了一下他們的工作經驗、年齡等背景，發現大約是 30 來歲、40 歲上下的朋友居多。

　　從原本以為年輕人居多，到實際上發現是 30 來歲、40 歲上下的朋友居多；當時，對於數字非常有興趣的我想要找出為何學員年齡偏高的原因，忽然腦中突然閃過一篇「後 1976 世代　300 萬人的超齡卡位戰」的報導[1]，這篇報導讓我再次思索一個問題：是否出生人口比較多的世代，因為競爭較高，而會產生投資理財的需求？

　　這樣子的想法算是很粗糙，但至少有個開始。於是我找出了出生人口的資料（如右圖 1-1），發現鐵達尼世代的出生人口確實比較多，幾乎每一年都超過 40 萬人，算是大陸遷台後的第二波人口高峰（第一波高峰為 1955 至 1965 年）；日本也有類似情況，大前研一先生稱之為「團塊二代」[2]。

　　鐵達尼世代的中間剛好就是 1979 年次！與我偶然詢問學員的平均數字差不多。這是否有一些巧合？還是這世代有什麼特徵值，或者是發生什麼困境，特別需要我們加以關注呢？

　　於是我又進行了一項小規模的調查，在個人的理財群組 Line 進行簡單的問卷與統計，請他們提供自己的出生年次，又確認了這一件事情，結果平均出生於民國 67 年次，中位數、眾數均為民國 68 年次，也符合之前的推測。（如右圖 1-2）

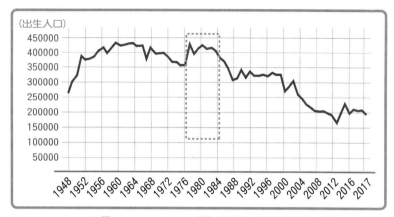

▲ 圖 1-1 1948-2017 各年度出生人數與團塊二代

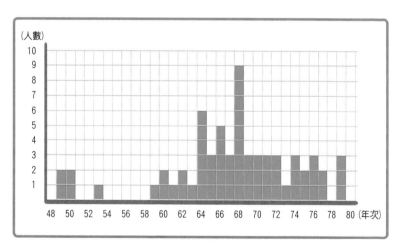

▲ 圖 1-2 理財群組各年齡層人數統計

● 鐵達尼世代面臨的困境

以下整理了鐵達尼世代所面臨的遭遇與困境，以及該世代所經歷過的一些重要事件：

類型	特色	相對年齡
扶養義務	上有高堂百歲命，下有子女仍待養	父母約為 1953-1958 年次 子女約為 2003-2012 年次
房屋價格	高低落差大。 假設 27-41 歲為購屋年齡，1976 至 1982 年出生的鐵達尼世代，分別於 2003 至 2009 年來到 27 歲。 ---------------- 2003 年 SARS 事件起漲、2008 至 2009 年金融海嘯、2013 至 2015 年房地產高點	實際購屋年齡約從 2003 至 2023 年，很容易買在高點，運氣好的話也可能買在金融海嘯的相對低點。 ● 台灣房價指數 高點轉折 金融海嘯
金融風暴	假設 22 歲畢業，1976 年至 1982 年出生的鐵達尼世代，分別於 1998 至 2004 年來到 22 歲。 1997 亞洲金融風暴 2000 年網路泡沫、 2001 首見經濟負成長 2003 年 SARS 事件 2008 至 2009 年金融海嘯。	● 經濟成長率
政治方面	1992 年九二共識 1995 年飛彈試射 1997 年香港回歸 2000 年民進黨執政 2018 砍年金。	

● **鐵達尼世代的未來挑戰：**

①父母的潛在醫療支出：父母平均壽命大約尚有 20 至 25 年，若發生重大疾病，恐怕醫療支出會大幅增加。

②兄弟姊妹變少：鐵達尼時代總生育率約 2.32 至 3.09 人，養育父母時可分擔的人力變少，因此壓力變大。

③子女變少（總生育率約 1.24 至 1.27 人）：因為晚生的原因，迄今仍有 6-12 年的時間需要照顧下一代；等到鐵達尼世代老了，年歲高了，恐怕因為下一代的經濟環境更惡劣，也難以靠子女扶養費，說不定還要扶養下一代，例如快退休的時候，下一代剛好結婚、出國留學、經營事業，要不要撥出退休金的一部分支援一下呢？

④成為房奴：低薪、房價又買在高檔，導致一輩子被房屋貸款綁住，存款不易，退休存款低。又或許會說「以房養老」，有一間房子，等到老了的時候抵押給銀行，每個月領個兩萬三萬的生活費也不錯。但前提是「以房養老」的房屋要有價值銀行才願意貸款，當人口少到一定程度的時候，當年蓋滿滿的房子早就沒價值了，銀行怎麼會願意貸款給年歲已高的屋主？因為貸款給屋主，就得要癡癡地等著屋主離開人世，下一代也不願意繳貸款，銀行只好被迫收回一間二、三十年的老房子，屆時房價也沒有上漲，反而跌到一半不到，所以「以房養老」並不是可靠的制度。

⑤可能領不到退休金：若以 60 歲為退休年齡，鐵達尼世代約於 2036 至 2042 年退休，有可能領不到退休金，成為繳最多卻因為政府年金破產而領不到的世代 [3]。

● 鐵達尼世代的投資策略

　　經濟成長、股市，從「一路向上、偶有震盪」，到現在變成「時常震盪、扭曲甩動」。雖然這本書撰寫的時候，國際主要指數都在相對高檔，但漲得高也必然跌得深，習慣定存與定期配息概念的朋友，應該要把一定比例的資金轉換成現金，等待災難的到來，並且以本書所提供的災難投資法，進行更穩定的投資方法。

　　鐵達尼世代的主業薪資相對低，若沒有好的副業，只好靠投資理財；只是投資股票要審慎選股、難度較高，也導致賠錢的機會居多。災難投資法是一個好的選擇，不必擔心遇到股票下市的慘況，只要做到選對穩健的標的，並且執行「低點敢切入、時間熬得久」的十字訣，即可達到高額獲利的目的。

註1 後 1976 世代 300 萬人的超齡卡位戰，http://www.cheers.com.tw/article/
　　article.action?id=5042964。
註2 參照大前研一，《低欲望社會》，第 48-52 頁。
註3 年金若破產「1980-1985 生」繳 40 年領嘸最慘，http://news.tvbs.com.tw/
　　life/696753。

19

利率、匯率與資金流動

《跌入經濟學的深淵》

　　總體經濟是一門要學習的課程。對於一位非經濟科班出身的法律人，學習經濟學還真是一件苦差事，不過自己也不是完全與數學隔離，至少專科階段還曾經念過數學組，只是當時年輕氣盛、沉不住氣，無法靜下心來學習重要的數學知識；時至今日，也後悔了，只能一點一滴把當年沒學到的知識救回來。

　　話說我國中畢業後考上師大附中，但因為家境關係只好選讀當年專屬於窮人的省北師專（現在的臺北教育大學）；好男不當兵、好男也不當老師，在經濟快速發展的當年，月薪微薄的老師可不是讓人驕傲的職業，所以當年很缺老師，也或許是因為很缺老師，成績很爛的我居然能畢業。

　　最苦悶的時期是師專四年級，因為與自己同年且成績優秀的國中同學，當時都已經考上了大學，而自己還只是窮人學校的專科生。當時社會的氛圍，大學生與專科生可是差相當多，光是校外聯誼這件事情，好的大學可以週週都有聯誼對象，抽機車鑰匙看看今天有沒有機會載到美女，可是師專生很難找到願意一起聯誼的學校，只好問問看同校女生要不要抽機車鑰匙、一同出遊，更殘忍的一件事情，學校的女生往往被優質大學的男學生約出去聯誼了，這真是情何以堪啊！

　　學校為了降低專科四年級與一般大學大一課程上的差距，於是設計了四年級分組的制度，像是自然組、數學組、行政組、音樂組、美勞組、體育組、社會組、輔導組，等同於大一課程。當時其實我不想要選數學組，而是想要選看似輕鬆可以混過關的行政組，但一位關係不錯的女生選了數學組，為了要能選到共同的組別，陰錯陽差之下選了數學組；沒想到更慘烈的結果，對方居然改選行政組，數學能力很差的我，少了人幫忙複習課業，這要怎麼撐過那兩年啊！

　　不知道是自己本身混，每天騎機車到處鬼混、飆車渡日，還是老師教得爛，反正現在只記得微積分長得很像音符，其他什麼都不記得了；說也奇怪，因為半夜飆車鬼混，每天都坐在教室靠窗角落偷打瞌睡，但卻一直都沒有被當，後來我還給自己取了個綽號，叫做「獨孤求當」。一場不是很好的學習經驗，讓我打從心底就不喜歡數學。

　　退伍後，插班大學考上了法律系，不必碰那些惱人的數學，自傲法律人的自己流著對數字冷感的血液。只是人生總是充滿奇妙的神蹟，研究所就讀「財經法律」研究所，既然是財經，總該唸一些經濟學了吧！錯，我還是不碰這些，決定以電腦、網路為核心，開始研究這方面的科技法律。

　　直到念了博士班，以法律經濟學為核心，這可不能開玩笑了，為了搞清楚一些「理性」、「自利」、「供需法則」等一堆看不太懂的專有名詞，只好從圖解經濟學開始接觸，含著眼淚翻閱各家學說的研究報告、論文，每天想著利率升高對於國內與國際金融的影響是什麼？匯率與外匯存底之間的關聯性又為何？我國外匯存底高是否代表國家很有錢？經濟崩盤的國家為何股價那麼高？

　　繞了一圈，還是回到了與數字有關係的經濟學。有了經濟學

為基礎，加上有理財的需求，自然而然地走上了這一條投資的不歸路，而且自己喜歡分享，所以逐漸站上分享理財知識的舞台，目前在眾人的小額捐款資助下，開啓了零費用的巡迴課程，除了直播之外，一年大概有 18 場的實體、面對面課程，一律免費，讓沒有能力支付高額費用的朋友，一樣能夠有機會接觸到頂尖課程，改變自己的知識體系，翻轉谷底人生。

《匯率可以看出股市的波動嗎？》

2014 年 12 月、2016 年 1 月，俄羅斯匯率爆貶；2018 年 8 月，土耳其匯率也爆貶。當時，俄羅斯、土耳其的股市都面臨不小的震盪，尤其是俄羅斯股市跌到不能再跌的感覺，從 2008 年金融海嘯之前約 2500 點的高度直接下殺至約 500 點；若是以台股來看，就是從 10,000 點跌落至 2,000 點。

現在氣候異常，大雨一來，水淹半層樓高時有所聞；大雨一停，水就逐漸散去。股市與暴雨來襲的情形也很類似，漲跌來自於資金的進出，資金湧進股市，股市即漲；資金離開股市，股市會跌。外資又是資金的主要來源之一，當外資湧入國內，可以從匯市的波動看到一些端倪，貨幣搶手，自然匯率就升值；反之，離開股市的時候，貨幣自然貶值。

隨著外來資金進出的量，匯率的高低會受到影響，然而實際上會遇上一些政府的操控，例如印鈔票或利率的方式。回到俄羅斯的例子，俄羅斯於 2014 年 12 月間，為了避免資金外逃，利率從 10% 升到 17%；類似的情況也發生在土耳其，2018 年 8 月土耳其也將利率從 8% 大幅升到 17.75%，後又立即調升至 24%；提升利率的概念，就是對資金宣告一件事情：「把錢留在我國，會讓你享有高額的利息」。

在大型、自由化程度高、匯率干預較少的國家，股市波動與匯率就會呈現比較清楚的相關性，有些國家就比較沒有，台灣也有操控的痕跡。

前中央銀行總裁彭淮南上任後（任期 1998/2/25-2018/2/26），匯率在 28 至 35 元之間波動（如下圖 1-3）。

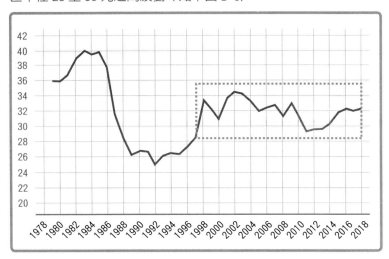

▲ 圖 1-3 新台幣兌美元匯率（年平均值）

從較為正面向來說，匯率維持一定的穩定性，讓業者民眾可以預期，然而若非自然穩定，而是透過央行的介入才維持的穩定，久而久之還是會有負面的影響，例如大量印鈔買進外匯以控制匯率的衡平，會讓流入市場的資金增加，使得不動產、股市的資產翻揚，讓人民買不起房子等惡果。

如果再加上台股加權股價指數，在前中央銀行總裁彭淮南任職的區間中，可以發現加權指數走揚，匯率偏向升值，加權指數下跌，匯率偏向貶值，兩者關聯係數 −0.69，還算是呈現一定的負相關走勢（如下圖 1-4 箭頭所指方向）。

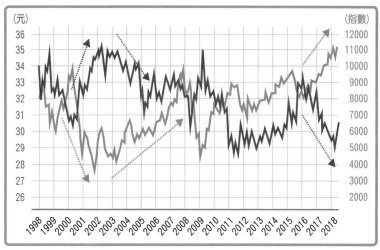

▲ 圖 1-4 新台幣匯率與加權股價關聯圖

其次，不同時間區間，隨著因素介入的多寡，也會有所不同。這樣子聽起來有些難以理解，舉個例子來說，以前股市與債券是負相關，股市漲、債市跌，但當經濟不穩定，股市跌，資金都跑到比較安全的債市，債市隨即上漲；但隨著許多國家大量印鈔後，這個關聯性又消失了，資金過於氾濫，股市漲、債市也一樣上漲，已經看不出負相關的走勢。

因此，可能某一個區間呈現高度相關，某一個區間又沒有高度相關，必須探究背後的時空背景，尤其是各國政府的操控影響。分析匯率與股市的關聯性，有時必須一個區間、一個區間來分析，如何建立每一個區間的劃分線，就必須要找出當初有哪些力道介入，像是印鈔、升息、央行態度等。

《從 24 元到 40 元的新台幣》

新台幣與美元匯率從早年 1 美元兌換 40 美元的年代，隨著經濟發展，最高曾經在 1992 年升值到 1 美元兌換約 24 元新台幣，一直到最近約 20 年間，也就是前中央銀行總裁彭淮南上任之後，匯率大約在 28 至 35 元之間擺動，算是相當穩定，也難怪全球金融雜誌（Global Finance）每年度評比全球 50 個主要國家的中央銀行總裁，彭淮南先生於 2005 至 2016 年間，連續 12 年都拿下 A 級的殊榮。

相對於台灣，許多國家的匯率不是那麼穩定。

譬如俄羅斯的匯率走勢，波動幅度相當大。2014 年 12 月 16 日因入侵烏克蘭而受到歐美國家的聯合制裁，又因為俄羅斯屬於原油產國，原油的價格對於俄羅斯股市的影響呈現正相關的走勢，當時又遇上了油價暴跌的衝擊，股市見到了難得的低點 629.15，甚至最低來到 578.21[1]（參照下圖 1-5）。與 2008 年 5 月的 2,498.1 點相比較，好比是跌到台股的 2,300 點，而且還要更低。

▲ 圖 1-5 俄羅斯股市與西德州原油期貨關聯圖

危機發生同時資金將快速竄逃，拋售盧布，美元與盧布的匯率來到 1 美元兌換 68 盧布，盤中甚至還貶值至 78.87（當天最高為 58.031，高低落差約 20 元），相較於先前 30 至 40 之間與美元的兌換價位，貶值實在慘烈。可以想像成 1 美元突然可以兌換到 60 元新台幣，我國會發生什麼樣的金融巨變？

俄羅斯央行為消除投資人的恐慌，並阻止盧布持續重挫，12 月 16 日突下猛藥，在當地清晨時分猛然將基準利率從 10.5% 提高到 17%，高達 6.5 個百分點的升幅，當時的聲明表示：「這項決定目的在於實質抑制盧布加速貶值和通貨膨脹升高的風險。」

參照下圖 1-6，盧布升值，代表資金流入，股市上漲；反之，盧布貶值，代表資金流出，股市下跌，就圖形來判斷，兩者關聯性為 –0.58。（匯率圖形向上代表貶值，向下代表升值）

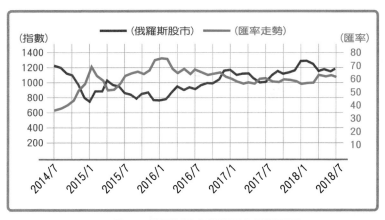

▲ 圖 1-6 俄羅斯股市與外匯市場關聯圖

總之，在正常情況下，資金流動是影響一個國家貨幣匯率的重要因素之一。俄羅斯在 2014 年 12 月同時發生了 (1) 股市暴跌、(2) 匯率遽貶，以及 (3) 利率陡升的三種情形出現，通常是可以

切入的恐慌點。（如下表）

俄羅斯恐慌點出現的三大特徵		
股票市場	跌	578.21 點 （歷史最高 2,498.1 點）
外匯市場	貶	接近 80 元 (2014 年 6 月僅 33.99 元)
利率變化	升	10.5% 提高到 17%

《資金流動的自然因素》

探討了匯率與股市的波動、從 24 元到 40 元的新台幣，大致上應該瞭解股市與匯市的基本關係。接著我們要問一個問題，資金流進一個國家與流出一個國家的原因是什麼？

想一下，先不要直接看答案。

資金流動的原因，自然的因素之一，當然是「國家體質強弱」。

　　首先，我們來回想一下，2008 年下半年發生的金融海嘯，美國政府採行紓困措施，市場預期聯準會印鈔可能導致美元貶值，但實際上反而快速升值至 2008 年年底。（參照下圖 1-7）[2]

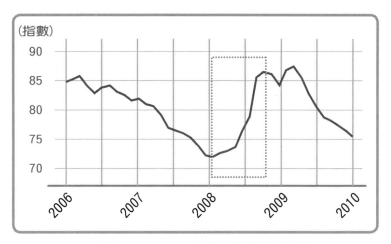

▲ 圖 1-7 2006-2010 年美元期貨指數走勢圖

　　簡單來說，當金融海嘯來襲時，哪一種貨幣安全就將手中貨幣轉換成安全貨幣就對了，美國是世界的老大哥，買美元就沒錯，所以美元就成為「短期避險貨幣」。等到聯準會陸續推出多次量化寬鬆制度，市場逐漸警覺到美元實質上業已貶值，美元指數才回歸應有的本質面而逐漸降低。如同狗兒聽到鞭炮聲而驚嚇亂跑，最後還是要回到主人（實際價值）的身邊。

　　貨幣也是一樣，有實力國家的貨幣人人要，沒有實力國家的貨幣棄之如敝屣。如果你喜歡沒有實力國家的貨幣，一定是因為其他因素，例如高利率作為誘因，讓你甘願冒著匯率損失的風險而投入。

《匯率波動的非自然因素：利率》

接著來談一下影響匯率波動的非自然因素：利率。

有些國家體質衰弱，為了避免資金外流，常使用的方式就是提高利率，讓我們舉一些大家印象比較深刻的例子：

國家	利率變動描述
南非	於 2008 年金融海嘯之際，曾經來到 12%。
俄羅斯	於 2014 年 12 月 16 日，因為入侵烏克蘭遭到歐美經濟制裁以及油價崩跌因素，資金外逃使得匯率大幅度貶值，極短期間內利率快速從 10.5% 攀升到 17% 的高檔。
土耳其	通貨膨脹高升，匯率快速外逃，被迫於 2018 年 7 月 24 日從 8% 提高利率至 17.75%，又來到 24%。
阿根廷	因貿易大戰與美元升值等因素，阿根廷披索一路貶值，阿根廷政府只好於 2018 年 8 月 30 日將利率調升到 60%。

當時許多金融機構推出與南非幣計價的金融商品，打著高利率的廣告吸引投資人介入，但「賺了利率、賠了匯率」。請參照下頁圖，南非幣與美元的兌換匯率，隨著原物料下跌的趨勢而走貶（往上是走貶），由 8 元震盪到 16 元，貶值幅度相當大，一直到 2016 年年初才開始止跌小幅反彈，當大家隨著升值而又充滿希望的時候，2018 年 9 月又快跌回低點。（如次頁圖 1-8)

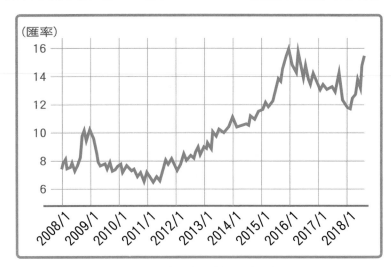

▲ 圖 1-8 南非幣對美元匯率走勢圖

　　高利率，像是女性化妝，讓貨幣本身看起來更具有吸引力，希望藉此吸引資金留在國內[3]。然而，有些國家因為體質強健，成為重要的資金避難港，過多的資金湧入使得匯率升值，影響出口競爭力，為了避免資金不斷地湧入，採取了低利率政策，甚至於是「負利率」，像是瑞典、瑞士、丹麥等國家均採負利率。

　　負利率，像是女性卸妝，降低吸引力。

　　不過，利率的降低未必都是擔心資金的湧入。綜觀世界各國的利率，很多國家的低利率並不是因為貨幣受到青睞而採取的應對措施，而是「國家經濟狀況不佳」，希望透過利率降低的方式來刺激經濟。舉個例子來說明，像是現在存款到郵局，定存利率才1%左右，活存利率低到幾乎可以忽略，透過低利率政策，可以使得資金比較不會躺在銀行戶頭賺取利息，而會流到市場上找尋更高報酬率的投資標的。

　　日本，已經有將近20年的時間，利率都低於1%以下，現在

更是負利率。主要的原因就是因經濟一蹶不振、人口總數反轉向下，科技霸主的地位也逐漸沒落，只好靠著低利率看能否振衰起敝。

所以透過降低利率的方式，可以有效地導引資金進入市場，像是歐盟國家的利率低到接近零。但是利率接近零並不代表資金會投資產業而創造工作機會，因為投資產業有風險而且耗時相當長，反而會使資金流入賺錢速度更快的股市與不動產市場，未能達到原本降息的目的。

筆者曾在分享課程中詢問現場學員一個思考暖身題：

台灣利率 8% 與土耳其利率 8%，兩者是否相同？	
台灣	過去也歷經過 10% 上下的高利率時代，主要是民國 70 至 80 年代，國內經濟景氣過熱，所以透過高利率來抑制通貨膨脹，隨著經濟到一定的規模，經濟成長逐漸減緩，於是透過降息的方式來刺激經濟。
土耳其	2017 年的 8% 或者是 2018 年 6 月 7 日的 17.75%，利率相當高，則有一小段故事。 2018 年中土耳其總統改選，可是剛好面臨到股市從約 12,000 點下跌到約 9,000 點，股市一跌，總統艾爾多安連任之路頗有壓力，尤其是之前發生政變，艾爾多安採取一些高壓手段，如果無法連任，下台後恐遭清算。 原本專家預估應升息抑制通貨膨脹，艾爾多安卻對選民說會降息刺激經濟，時值美國升息之際，引發資金快速大量外流，土耳其貨幣快速貶值，不得已只好緊急升息。換言之，此一升息是為了要避免資金外逃，避免匯率持續崩跌為優先考量。

讓我來做個簡單的結論，升息可能是為了降低經濟上過熱引發的通貨膨脹，也有可能是為了避免資金外移所進行的「化妝」策略，當然也可能兩個因素都有，必須瞭解當時的時空背景，才能夠做出精準的分析與判斷。

《匯率波動的非自然因素：印鈔》

　　金融海嘯之後，美國政府為了減緩經濟上的衝擊，直接以量化寬鬆的印鈔方式讓市場充滿資金；股市也像是吸毒了一樣，實施量化寬鬆時，股市就上漲，停止實施就下跌，但除了第一次效果顯著之外，第二次、第三次的效果逐漸遞減。

　　我整理了美國實施量化寬鬆（QE）的時間點與次數以及時空背景說明，如下圖 1-9 及次頁圖表 [4、5]：

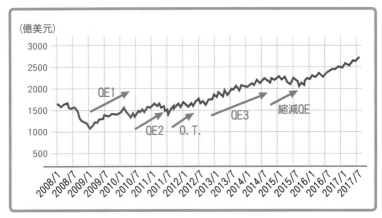

▲ 圖 1-9 S&P500 期貨價格與量化寬鬆關係圖

　　印鈔，在經濟狀況不佳而外資竄逃時，升息吸引資金停留卻會影響經濟發展，與其升息還不如直接由各國央行來產生資金，只是大量印鈔會導致貨幣的貶值，不利於進口物價，而且若是國內本來就有通貨膨脹現象，印鈔會加速惡化。

次數	內容摘要
QE1	2009/3-2010/3 月，平均每月逾 1,000 億美元，主要用於購買 1.25 萬億美元的抵押貸款支持證券（MBS）、3000 億美元美國國債以及 1750 億美元的機構證券（Agency MBS）。
QE2	2010/11-2011/6 月，規模約 6 千億美元，主要用於購買財政部發行的長期債券，平均每個月購買金額為 750 億。
OT	扭轉操作（Operation Twist）。 2011/9 月實施，2012/6 月再延長至 2012/12 月結束，期間賣出短期公債（3 年期以內），同時買入相同金額的長期公債（6-30 年期），因此並未淨釋出資金至金融市場。
QE3	2012 年 9 月起實施，以 Agency MBS 為購買標的，9 月購買 230 億美元，並自 10 月起每月購買 400 億美元，與前兩輪不同的是，QE3 沒有明確實施截止日，將持續實施至美國就業市場復甦。 2013 年 1 月 QE3 再加碼，除仍繼續推行每月 400 億美元 MBS 的購債，再增加每月收購 450 億美元長期公債，使每月購債規模增至 850 億美元。雖然 QE3 仍沒有明確截止日，但卻加入了退場機制，即美國的預期通膨率高於 2.5% 及失業率低於 6.5% 時，將會開始採取漸進式縮減購債規模。
QE 退場	聯準會（Fed）決策 2014 年 1 月起開始縮減 QE 規模，每月購債規模減少 100 至 750 億美元，包括美國公債和抵押擔保證券（MBS）各減少 50 億美元；2 月宣布購債規模再縮減 100 到 650 億美元；4 月起每月購債金額減碼至 550 億美元；5 月再減至 450 億美元；6 月繼續削減債券收購規模 100 億美元，減至 350 億美元。Fed 於 2014 年 10 月 QE 退場。

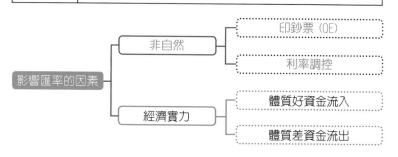

為何印鈔票會導致貨幣貶值，舉個例子來理解一下：

A島島主有1萬元鈔票，可以向隔壁B島島主以每隻螃蟹100元的價格，購買100隻；A島島主心裡想著如果自己多印鈔票變成2萬元，不就可以購買200隻螃蟹了。結果真的印成2萬元，但買到的量還是100隻，因為螃蟹價格上漲，變成每隻200元。

由於美國實施量化寬鬆，資金氾濫，使得國內經濟數據逐漸好轉，通貨膨脹率接近2%的水準[6]，失業率也不斷降低，於是終於在2015年12月8日開始升息，迄今因為升息使得美元指數已經來到十年相對新高；歐盟與日本也開始印鈔票，像是日本首相安倍晉三的三支箭，其中一支箭就是貨幣寬鬆政策，大量印鈔的結果，使得日幣與美元匯率，從1美元兌換大約75-80日圓，一路貶值到100-125日圓之間。

國家在解決經濟問題時，不外乎會涉及到「利率」與「匯率」，如下圖，匯率牽涉到國際資金的流動，國際資金的流動則根據國家的經濟實力，但也可能因為利率、印鈔等因素而受到影響。如果能夠多思考，就可以快速看懂國際金融趨勢，並對於未來走向抓住更準的預測，投資上也比較容易得到令人滿意的結果。

如果貨幣貶值還有一個壞處，就是外債會膨脹。舉個例子來說，A國欠外債100億美元，原本A國貨幣與美元是2：1，2元A國貨幣可以換1美元，當要還債的時候，只要用200億元的A國貨幣轉換成100億美元就可以清償債務。可是隨著鈔票愈印愈多，匯率變成了4：1，外債還是100億美元，但是卻必須要用400億A國貨幣才能兌換100億美元，債務直接膨脹一倍。

《補充：溫和的通貨膨脹》

● 為何許多國家都會希望通貨膨脹？

一、第一個好處是債務會變少：

如果在民國 70 年代，向銀行借了 10 萬元買房子，當年一碗陽春麵大約 2.5 元的年代，軍公教薪資每月大約 8,000 元而已，10 萬元可不是小數目，約等於 12 個月的薪水；現在一碗陽春麵少說也要 25 元的世代，麵的價格上漲了十倍，再以軍公教月薪 4 萬元來看，大約是當年的五倍，總之當年欠的錢以今日來看，10 萬元就相對變少，比較容易償還了。

所以我常戲稱軍公教改革不必改，只要印鈔就解決了。讓貨幣貶值，我國沒有什麼外債，國家欠軍公教的退休年金即使幾兆元，大量印鈔之後，馬上變得小很多，只是印鈔後通貨膨脹嚴重，每月退休金領個 3 萬，過個簡單日子沒問題；但嚴重通膨後，可能 3 萬只能買盒雞蛋過一個月。

二、讓錢流入市場，持續刺激經濟成長：

經濟成長的數據好看，才能夠成為執政者的政績，執政者或政黨可以藉此得到選票[7]。

像是今日低利率的時代，如果 100 萬元存在銀行，隔年加上利息大概只有 101 萬元，可是物價卻會隨著通膨而上去；舉個大家最心痛的例子，就是 100 萬的房價，隔年可能變成 200 萬元，本來還可以買一間，現在只有 101 萬，結果只能買半間。因此，資金就不會存起來，而會流入市場找尋高報酬的投資標的；很不幸地，通常這些錢容易流入股市、房市，反而製造更多的問題。

至於還有一些通貨膨脹可以增進企業獲利、促進投資信心等說法，因為擔心內容過於複雜，反而使得大家對於通貨膨脹的概

念搞亂了，所以僅針對上開內容說明。至於台灣未來會如何呢？因為人口結構的關係，可能會與日本一樣陷入通縮的困境，這會讓民眾不願意消費。

像是預期房價下跌，目前 2,000 萬元的房價，假設購屋者預期明年房價會跌 20%，也就是來到 1,600 萬元，自然會讓購屋者不願意現在進場購屋，如果成為一種氛圍，就會造成市場急凍，這是市場所不願意見到的現象。如下圖 1-10，2015 年至 2017 年間不動產出現市場急凍現象，相較於 2009 年的高點，最低僅剩下大約四成的移轉量。

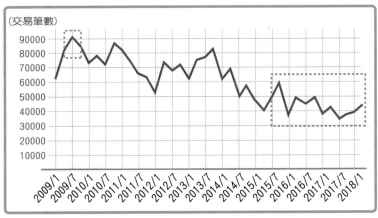

▲ 圖 1-10 不動產第一次登記＋買賣移轉總筆數圖

註 1 http://moex.com/en/index/stat/dailyhistory.aspx?code=RTSI。
註 2 http://www.investing.com/quotes/us-dollar-index-advanced-chart。
註 3 利率的升降也會有正向與負向的效果，像是升息會降低通貨膨脹，但也會使得房屋貸款壓力上升，不利企業借貸成本，降息亦有反向之效果。
註 4 圖片引自 http://www.energyburrito.com/wp-content/uploads/2012/09/QE-and-SP500.jpg。
註 5 量化寬鬆 (QE)，引自 MoneyDJ。
註 6 從日本、美國到歐盟，為何全世界都追求 2% 通膨目標？http://finance.technews.tw/2014/12/23/inflation-rate-story/。
註 7 「台經濟成長率比韓好」蔡英文：值得欣慰，https://news.tvbs.com.tw/politics/967421。

類似於0050的操作概念

《透過 0050 投資台灣股市》

最近幾年來，掀起了交易所交易基金 (Exchange Traded Funds，ETF) 的投資風潮，透過「一籃子」的操作概念，來避免單一個股的損失。例如如果只投資台積電一家公司，固然在 50 元買入，而漲破 260 後，可以得到豐厚的獲利；但是台積電還是有倒閉的風險，如果投資單一公司發生倒閉的現象，就會遭受到不可回復的損失。

如果我們投資一籃子科技公司，就算其中一家上市公司宣布倒閉，對整體的影響也不大；再搭配上「定期不定額」的操作方式，指數愈高扣款越少，指數愈低扣款越多，藉此來讓長期平均成本降低，投資報酬率上升。因此，假想自己是一位外國投資者，想要投資台灣股市該怎麼做呢？

☐ 重壓一檔股票 100 張

☐ 買 10 種類股的龍頭股各 10 張

☐ 買 100 張 0050

（假設買入股價均相同）

以分散風險的概念來說，0050 當然是首選。所謂 0050，是指「元大寶來台灣卓越 50 證券投資信託基金」，一般簡稱 0050 或台灣 50，成分股包含台灣上市股票市值前五十大的個股，買賣方式

與一般股票一樣，證券交易稅較低，也會定期配息，成為許多存股族的最愛。

0050 與台灣加權股價指數的關聯性頗高，以 2012 年 8 月至 2018 年 6 月來觀察，關聯係數高達 0.97（愈接近 1，關聯愈高），所以投資 0050 可以當作是投資台灣地區。（參照下圖 1-11）

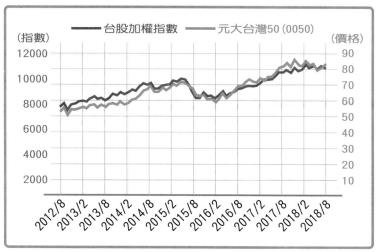

▲ 圖 1-11 台股加權指數與元大台灣 50(0050) 關係圖

只是這樣子的投資還是屬於單一地區，要等到低點可能會比較困難，例如 2008 年台股的 3,955 點不但一直看不到，迄今還已經上萬點超過 1 年了，於是奉行 0050 投資法的朋友只好採取定期定額、定期不定額，或者是 KD 指標來決定相對高低的進出點，例如日 K 值 < 20 買進，> 80 賣出。

相對低點，有可能還是高點。像是 2018 年 6 月 28 日的日 K 值 19，小於 20，如果依照前述標準就會買進，可是 0050 的價格還有 80.1 元，依然偏高，只能說這是一個強迫自己長期性投資的概念，但很可能讓自己的許多投資點都買在高檔。

試想看看，巴西股市在 2016 年 1 月才 4 萬點，可是在 2018年 2 月已經來到了快 9 萬點，你會在 9 萬點持續買進巴西的基金嗎？應該不會，而且會考慮出場。同樣的問題，當台股來到了 1萬 1 千點，算是相對高點，你會不會考慮出場呢？如果以同樣的標準，應該是要逐步出場，但很多投資人只投資台灣股市，跳出台灣就不知道該怎麼辦了，才會出現這些變通的投資方式。

　　我們應該把投資範圍擴大，放眼全世界。

　　一講到投資要放眼全世界，很多投資人就傻眼了呢？因為很多投資標的資訊都是英文，像是美國股市、歐洲股市，對於英文不好的投資人就很辛苦，因此排斥。不過，現在很多資訊在國內都有中文資料，瞭解這些投資標的也不再那麼困難。

　　再加上就算是英文介面，專業字彙不過就是那幾個字，多聽多看就懂了；試想看看，英文或日文介面的電玩，許多小朋友依舊可以玩得不亦樂乎，還可以跟你講這些英文、日文的意思；<u>有需求，就會想學，想學，就能學會。</u>

	0050 定期定額	災難投資法
①切入點	任何時間、定期	只限暴跌的低點 + 定期
②操作難度	簡單	較難，必須學會低點判斷
③賣出點	沒有注意	異常衝高的泡沫點
④標的	台股五十檔	不限台灣，世界各國、地區、原物料、農產品、匯率，當然也包含 0050
⑤基本知識	台股	全球產業總經

《找到操作工具》

災難投資法主要是投資一個區域、一個國家或者是一些原物料、農產品、匯率等，我通常會先設定一些觀察目標：

觀察目標	現在指數／價格	目標指數／價格	操作工具
日本	22,000 點	10,000 點	XX 日本基金、ETF
美國	25,000 點	12,000 點	XX 美國基金、ETF
中國上海	3,500 點	2,400 點	XX 中國基金、ETF
西德州原油	80 元	40 元	XX 基金、ETF
英鎊	1.35 元	1.2 元	現貨、基金

▲ 投資觀察目標一覽表

一開始可以先設定一些自己比較熟悉的國家、原物料、農產品或者是貨幣匯率，列出如上述的「投資觀察目標一覽表」，只是這幾年來高點都盤旋許久，遲遲不肯下來，這時後可以增加多一點的國家、原物料、農產品、貨幣為標的，遇見災難的機率可以大幅度提高，像是 2018 年，中美貿易大戰以及中國內部的一些問題，使得指數不斷下殺，從 3,500 點跌破 3,000 點，又跌到 2,700 點之間，與目標指數 2,400 點極為接近。

假設某一項標的已經接近或進入目標指數（價格）範圍內，就要開始一趟投資之旅。我通常會挑選國內就可以買到的工具，例如基金或 ETF 來進行操作。舉俄羅斯為例，當初透過購買「摩根俄羅斯基金」當作操作的工具，雖然基金的成本較高，但因為透過國內銀行或其他平台就可以購買，簡單方便。

有些朋友會覺得基金的成本太高，可不可以到國外尋找更豐富的投資標的？可以，但透過複委託或一些交易平台，會增加許多變數，目前不排斥但暫不考慮此一選項，況且報酬率不錯的情況下，成本高一點也可以接受。有些朋友會因為追求零成本，而讓自己陷入一種未知的風險，這種就像是學習課程一樣，如果這位老師可以讓你節省大量時間，更可以讓你功力大增，多花一點錢還可以接受。

大多數的情況，都可以利用基金或 ETF 進行操作，只是要記得尋求關聯系數較高的操作工具，譬如俄羅斯基金、中東基金等都與我觀察的標的走勢大致相符，有時候也會操作 ETF，像是當初投資中國大陸時，也購買了元大寶滬深（0061）[1]，走勢比摩根中國基金還要好，當然還有一些其他的 ETF 可以選擇，像是富邦上證（006205）等。

當時大陸股市還算保守，可以投資的工具比較有限，目標鎖定上海股市，結果因為對大陸不是太熟悉，選擇元大寶滬深（0061）與摩根中國基金進行投資，經過一段投資有了一些心得感想，整理如下表：

標的	投資經驗
元大寶滬深 （0061）	不是單純連結上海股市，而且還是透過香港過一手的投資工具；不過上海、深圳連動性尚強，所以當滬港通的消息面使得上證指數大漲，0061 的表現就蠻明顯。
摩根中國基金	投資項目較廣，甚至於還有中南美洲的投資標的，滬港通的利多消息對於該基金淨值的影響就沒那麼明顯，兩者關聯係數較低。

　　由於過去的操作經驗，現在若是再次投資上證股市，則會選擇關聯性比較高的 ETF，放棄成本比較高、關聯性比較低的中國基金；其次，ETF 也會投資少過一手的富邦上証（006205）。

　　什麼是過一手？簡單來說就是不選擇「連結式證券指數股票型基金」模式的元大寶滬深（0061），因為這種是將國外 ETF 再包裝後來台掛牌交易的 ETF；如果還是不懂的話，譬如房屋裝潢找了一家大型設計公司，花了 100 萬元，這家大型設計公司又轉包給了另外一家規模較小的設計公司，轉包價格 80 萬元，從中轉取了 20 萬元，如果我們直接投資小的設計公司，就可以降低這種轉換的成本。

《比投資單一公司的股票更安全》

國家、區域、原物料、農產品、匯率等概念比 0050 所代表的一籃子股票還要安全，不過也不是所有國家都很安全，像是委內瑞拉、阿根廷等中南美洲國家長期脆弱，因此還是要慎選一下「投資觀察目標一覽表」上的清單。

類似冰島破產的事件，可以說是非常少見；即便是希臘發生嚴重的國債危機，從 2010 年 4 月被降級至垃圾債券評級，敲起金融市場的警鐘，股市一路下滑（下圖 1-12），最低於 2012 年間來到約 500 點，後來隨著紓困談判也回升到大約 1,400 點。

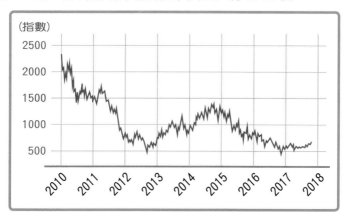

▲ 圖 1-12 希臘股市走勢圖

即使是弱國如希臘，也還會彈升至低點的接近三倍，只要能抓住災難發生的低點，就可以有機會享受反彈的成果，安全性更甚於單一國家的一籃子股票。股票是一家公司，即便是好公司也有可能會倒，國家也有可能會倒，但是只要是好的國家，要倒的機率可以說是相當微小，所以拿公司與國家相比較，投資國家、地區、原物料、農產品、匯率等是比較安全。

《災難投資法很難嗎？》

● 語言與國際局勢

一直有人很擔憂地問：「災難投資法很難，哪有時間搞懂國際局勢？」言詞之中似乎不斷強調自己的英文不好。不懂國際局勢、英文不好，這兩個理由我覺得都不算是理由，如前文所述，現在資訊這麼發達，隨便上網找新聞，都一堆即時資訊，只要花時間去找就可以找到答案，寧願花時間找遊戲破關的方法，難道沒有能力找出中美貿易戰的博弈關係嗎？

其次，就算真的對英文有莫名的恐懼，也不會太難解決。有一次我在福岡港口搭上了一輛計程車，要回到鬧區的一家百貨公司的美術館，在車上直接把到達目的地的照片拿給計程車司機看，因為日本的計程車司機歲數都有點大，從飲料放置罐中拿出了老花眼鏡，端詳了一下，有點不太確定地點，但還是點點頭，把車子發動一路開過去。

原本從這一家百貨公司到福岡港口是用走的，所以我看了一下計程車司機回程的路是正確的，但剛剛那個狐疑的表情還是讓我有點擔心，於是用英文問司機是否知道要去那一家百貨公司。然而大家也知道日本人的英文很不好，溝通了半天，實在是雞同鴨講。

最後，我靈光一閃，Google 翻譯最近多了一個直譯的功能，趕緊用手機打開 Google 翻譯的 APP，對著手機用中文講出那間百貨公司上頭的美術館，手機馬上用日文再講一次，計程車司機大概沒玩過這玩意兒，滿臉驚訝又很開心地用英文重複了目的地，才發現我倆對於美術館的發音是有很濃重的口音差異。

總之，英文已經是國際共同語言，這一點應該不必再費唇舌說明，就算很多英文報導看不懂，很多重要的新聞時事都有中文報導，幾乎與國外報導沒有時差。

　　就算國內沒有報導，也可以嘗試把英文內容複製貼到「谷歌翻譯」（Google Translate）幫忙翻譯，也可以懂個大概。看不懂不是理由，我也看不懂日文，但每年都用科技設備翻譯了許多日文書。相較於深入分析一檔股票，瞭解國際間的局勢發展應該算是很簡單，沒有太多的門檻。

● 低檔買入與選擇性多樣化

　　接著我們再來談災難投資法的另外一個關鍵「低檔買入」。

　　低檔買入是災難投資法的基本操作方法，這四個字絕對很容易懂。讓我們來舉個例子，2008 年 11 月發生的金融海嘯，台股遭到慘烈的襲擊，指數來到低點 3,955 點，迄今快 10 年，還在萬點打轉，一直未見明顯的下跌，不要說 3,955 點，連 5,000 也沒等到，所以台股不符合災難投資法「低檔買入」的要件，你如果以 0050 為操作工具，扣抵的點位就是在相對高檔。

　　換言之，所謂的「低檔買入」其實可以參考歷史低檔區，例如台股 6,000 點是相對低檔區，如果低於 4,000 點就可以設定為低檔區，然而有時候也要隨著經濟發展而調整。

　　例如越南在 2000 年股價指數才大約 100 點，現在最高來到 1,200 點，隨著該國經濟發展已非昔日吳下阿蒙，低檔就不應該設定為 100 點，相對低檔區可能要調整為 600 點，低檔區則是 400 點以下。（參考次頁圖 1-13）

　　那要繼續等到台股 3,955 點嗎？不必，災難投資法的另一個重要特色是「選擇性多樣化」。

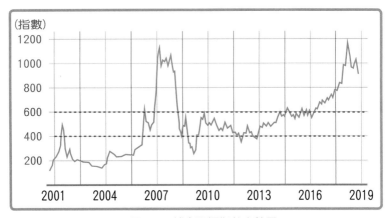

▲ 圖 1-13 越南股價指數走勢圖

舉個例子，原油價格（下圖 1-14）從 2014 年 6 月的 110 元開始一路下殺，2016 年 1 月居然殺破 30 元，相當於股市從萬點到 3,000 點一樣的概念嗎？如果你把原油當成台股，當時就有很棒的投資標的，只要找到合適的投資工具，即可進行投資；2018 年 5 月已反彈到 70 元，這就如同台股 3,000 點漲回 7,000 點，有需要苦守寒窯癡癡等待台股、單戀一枝花嗎？

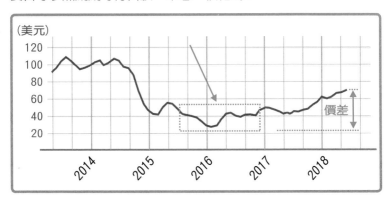

▲ 圖 1-14 2014-2018 年原油價格走勢圖

● 低點與異常點

當然低點是否可以投資，還必須加上一些判斷是否為低點的能力。以剛剛講的原油為例，可以加上一些原油前景的判斷，人口在 2050 年將攀升到接近百億，無論替代能源是否會取代原油，原油的需求必然有增無減。當原油價格異常暴跌，就可以在異常點切入。

什麼是異常點？

ABCDEF B HIJK

看得出來異常點在哪裡嗎？很簡單，G 打成 B 了。

ABCDEF B HIJK
↓
ABCDEF G HIJK

再練習一下，來看新聞……

聯合新聞網 2016 年 1 月 11 日出現下列新聞標題：

> 「92、95 比礦泉水便宜」
> 1 月 18 日「95 汽油價降到 1 字頭」

你的想法是什麼？

原油比礦泉水還便宜，這就是一個顯著的異常點，符合「災難投資法」的要件。我相信一般人都能夠判斷，甚至於大聲喊出好便宜喔！還記得當時的我，腦海中浮現出一個想法，買幾個桶子裝一堆油回家，等到油價上漲了就賺翻了；最後當然沒那麼做，因為一桶一桶的油放在家中，即便是合法，所創造出來的風險遠高於省下來的利潤。

只是在當時一片油價看空的氛圍，你投資得下去嗎？

所以這就是最難的點，低點氛圍會讓人害怕而不敢投資。還記得那時候有人問我是否可以投資原油，我也勉強說出加減買一些的說法，而不敢大聲地說：「梭哈下去吧！」

有關於人性面會在之後討論，倒是異常點不僅僅是災難投資法的重要概念，任何投資都要發現異常點。回想看看，過去你學到的都是挑選好股票，從營收、毛利、股東權益報酬率（ROE）、負債比這些常見的數據，是否曾經深層地去思考一些異常，讓我來舉一些例子：

①股價高檔上漲或才剛要下跌之際，為何要實施庫藏股？

②不缺錢的公司，為何要在低利率時代發行可轉換公司債？

③某股票拼命釋放利多，為何可轉換公司債卻接近轉換完畢？

④既然國巨老闆說自己的股票有多好多好，為何前妻卻拼命賣股票而不阻擋？

⑤營業利益賺 10 億元，為何稅後淨利只有 1 億元？或者是營業利益只賺 1 億元，為何稅後淨利變成 10 億元？

凡此種種的異常點，訓練自己如同名偵探柯南一樣，看出異常點並找出原因，一層一層地把洋蔥撥開，也許過程很辛苦會讓你眼淚直流，到最後可以慢慢發現很多異常點背後的故事，成為自己投資經驗的累積。

註 1　元大標智滬深 300ETF，http://www.twse.com.tw/zh/ETF/fund/0061。

災難的形成

《人性不變，災難不斷出現》

金德柏格於 1985 年所著的《瘋狂、恐慌與崩盤：金融危機的歷史》一書，引用「明斯基模型」解析歷史上幾次重大金融事件。其認為危機事件是源自於「錯置」（displacement）所引發的投機風潮或者是不尋常的信用擴張，衝擊原本市場的平衡狀態。像是戰爭爆發或結束、穀物豐收或歉收，運河或鐵路或網路等科技的發明，或者是重大政治事件與意外金融波動等[1]。或是 1997 年因為匯率貶值使得外債暴增引發的亞洲金融風暴即為其中一個類型，或者是 2000 年的網路科技泡沫，以及近年來因為為了賺取更多說不出來的金融商品利潤，放任房屋貸款的審查機制，即使是一條狗也可以買房子，最後導致近年最兇猛的 2008 年金融海嘯等。

因為「錯置」的出現，會使得獲利機會、預期收入與經濟行為等均衡狀況遭致破壞，有些新興行業獲利，但也有些行業獲利減少；像是網路購物就是一個明顯的例子，現在大家都習慣於網路購物，消費型態的改變使得實體購物店家業績就大幅度減低，加上一些生活模式的改變，當力量達到一個臨界點，原有的實體店面經濟遭遇挑戰，2017 年開始發現墾丁人潮崩落，一路到許多新興夜市停擺、各大商圈冷清清。

特定題材若是增加投資人信心，就有機會促使股價上揚。譬

如說浩鼎股票解盲通過，新藥上市將能有大幅度的獲利，投資人對於獲利感到樂觀，形成「陶醉」（euphoria）的氛圍，樂觀增強逐漸形成瘋狂狀態；接著，如同浩鼎解盲失敗，也就是「金融困頓期」（financial distress）的出現，市場會逐漸失去信心而進入金融危機期，投資人恐慌，集體瘋狂殺出而導致市場崩盤。

人性是為了賺錢，在賺錢的興頭上會逐漸失去稽核機制的功能，如同前述提到的 2008 年金融海嘯，整起事件源自於次級房貸，貪婪的各種金融人士為了賺更多的錢，居然讓許多本來難以貸款的借款人，也一樣可以肆無忌憚地借貸，再將這些借貸轉包裝成證券商品進行交易，賺取更多的錢。

> ### 人性為了賺錢→信用快速擴張

當賺錢愈來愈容易，看似無風險使得投機風潮出現，又再度循環成更大的賺錢慾望，更多盲目的需求創造出更多欠缺稽核產品的供給，最後出現非理性的「過度交易」（overtrading）現象。

> ### 賺錢→信用擴張→不正常供給→過度交易之泡沫出現

最後，當少數內線人士獲利了結，泡沫破掉之後，如同次貸危機中許多貸款人無法還錢現象擴張，金融體系開始緊縮危機狀況逐漸發生，導致資金流通停滯，使得問題快速惡化。

> ### 壞產品出現問題→泡沫破滅→信用緊縮→金融問題惡化

凡此類似情況，總是在歷史中不斷出現，像是鬱金香球事件、

1997 年亞洲金融危機、次貸危機、冰島破產、2008 年金融海嘯、一顆近兩萬美元的比特幣，都是一樣地反覆出現，人性不變，災難就會不斷出現。

一位好的投資者一定要看懂人性，接著承認自己是一個不理性，還殘存著原始獸性的人類，面對快速劇變的世界，野獸型的大腦無法調整過來，來不及演化完成，導致有下列各種現象：

野獸型的大腦	適合過去的環境	現在面對的環境
圖像型記憶	大腦對於圖像記得比較清楚。	近幾千年來才開始有文字。
快思型大腦	獅子會突然跳出來，不經思考拔腿就跑。	很少獅子會突然跳出來，不思考以為自己的直覺很準，會增加錯誤決策的機會。 就算是直覺，也必須是經過長期專業訓練所產生的直覺。
羊群型大腦	跟著大家一起抵禦外部攻擊，存活性提高。	跟著大家一起追高殺低。
獲利回饋	吃到美食可以讓人類繁衍下去，因此大腦會鼓勵這種行為。	股市追高獲利，大腦獲得鼓勵，最後，最高點買最多張。

每次當我說：「要有成功的投資，就必須承認自己是一頭遠古世代的野獸，而不是曠世才子。」不知道為什麼？朋友聽到野獸都覺得好笑。不過這是認真的一段話，只要瞭解演化發展，發現目前人類社會只是把一頭野獸的大腦應用在量子世代，因此充滿著各種格格不入的障礙，如果要投資，不先認清自己野獸型大腦的缺點，必然賠得一踏塗地。

《南海泡沫談泡沫的特徵值》

　　1718 年，英國南海公司經營失敗，股價瀕臨崩潰，同此之時，英國政府債務高懸；窮途末路的南海公司想出一個雙贏策略，用南海公司的股票兌換英國政府的國債。在一陣混亂的政治爭辯過程中，1720 年 4 月 7 日，該計畫獲准實行，本來接近廢紙的一家公司，如同台股在政府國安基金、四大基金的加持之下，南海公司股價隨即快速上漲。（如下圖 1-15）

　　人的記憶並不好，距離 1637 年的鬱金香泡沫已經近 100 年之久，加上當年對股票也是初探，很多人沒有經歷過數字刺激大腦的可怕，只見當時的英國全境陷入一場股市的狂熱晚宴。

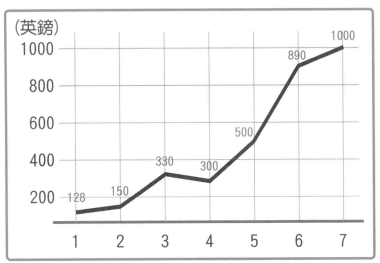

▲ 圖 1-15　1720 年南海公司股價走勢圖

　　把時間往前拉一點，同年 3 月間，南海公司的股價暴漲，英王喬治一世也投資 10 萬英鎊，半數國會議員都下去購買股票，然而南海公司從未真正開展貿易業務，只是大家的預期幻夢。

是否很像台灣的生技股？像是只是一些夢想預期，都還沒開始真正賺錢，股價就可以衝到 755 元之譜的浩鼎（4174）；很多人眼見南海公司的成功，許多類似的公司也應運而起，如同大家熟悉的 2000 年科技泡沫，只要打著「達康」（.com）二字籌募資金，資金就如同潮水般湧入，或者是 2018 年的被動元件，國巨衝到 1310 元，同一族群同步向前衝。

　　這一波投資泡沫中，有一位知名人士的身影讓人無法忘記，就是科學家牛頓。1720 年 5 月牛頓購入了南海公司股票 5000 英鎊，短短半個月便賣出且獲利 7,000 英鎊。手中已經賣出了股票，看著朋友在更短的時間賺了更多的金錢，手一癢、心一橫，又在高檔投入了大筆的資金進去。

　　只是隨著 1720 年 7 月 2 日南海公司的股票泡沫破滅，不列顛群島陷入一片恐慌，許多人的財富因此大幅縮水，甚至一夜歸零，牛頓的投資夢想也破裂了，賠了相當於 10 年薪水的兩萬英鎊，這一段過程也讓牛頓說出了一段傳世的名言「我算得出天體的運行，卻計算不出人類的瘋狂」（I can calculate the movement of heavenly bodies, but not the madness of men）。

　　從右圖 1-16 中，可以看出泡沫一開始是專業人士的投入，後來散戶看到賺錢容易都跟進了，最後專業人士、散戶都攪在一塊、一同瘋狂，最高點的時候，通常會有一些特定事件，同類型的泡沫商品蜂擁而出，或者是政府控管，打破了這一個預期的夢幻，一有人拋售，眾人隨之四散奔逃，如同酒吧發生火災，逃難的人潮擠在門口無法動彈一般，形成快速崩跌的慘狀。

　　泡沫的特徵值，成長的速度不是 1、2、3、4、5，而是 1、4、9、16、25 指數型成長，2007 年 8 月的市場大波動，高盛執行長曾經形容當時連續幾天都出現 25 個標準差的情況[2]；哈利・鄧特

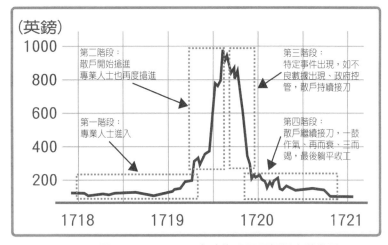

▲ 圖 1-16 1718-1721 年南海公司股價爆走階段圖

二世在其所著的《2017-2019 投資大進擊》一書中形容泡沫如同「男性性高潮」一樣，男女二人的前戲琢磨許久，但高潮的快感卻在極短關鍵時刻，快感快速增長，並且在最後一小段時間快速噴發、結束。其實我不太敢對外引用這一段泡沫如同高潮的描述，但這一段描述雖然令人害羞卻非常經典，只是不是每一個高點都馬上墜落，也有做頭高檔盤很久才下跌，哈利·鄧特二世則稱之為「女性的性高潮」，只是如何區別兩者，哪一種是一下子就下跌，哪一種是前頭撐很久，哈利·鄧特二世在書中則沒有交代清楚，非常地可惜。

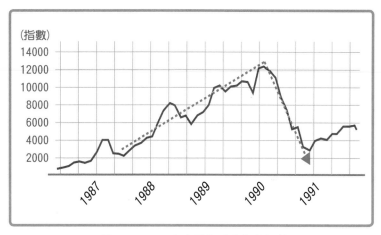

▲ 圖 1-17 1990 年台股泡沫化指數趨勢圖

　　泡沫破滅後，將會回到原點或者是更低點，將起漲點、高點與低點可以畫出一個三角關係，通常起漲點與低點的位置差不多。例如 1990 年 2 月台灣股市來到 12,682 點然後反轉向下，1990 年 10 月最低來到 2,485 點，如上圖 1-17，幾乎回到起漲點。

　　「一朝被蛇咬，十年怕草繩」，牛頓在南海公司股票投資受傷的經驗，恐怕有很長時間都不敢投資股票。換言之，通常泡沫破滅之後，必須經過一段休養生息的過程。

　　讓我們再舉上海股市為例，同樣的事件也發生在中國大陸的股票市場，如次頁圖 1-18，陸股從最高 6,124 點一路下殺，2008 年 10 月見到 1664.93 的低點，隨即有一次大反彈，反彈期間的相對成交量頗大，但反彈到 3,478 點的高點還是無以為繼，接著繼續落底；雖然陸續有幾次反彈，但都愈走愈低，2013 年 6 月來到了 1849.65 點，信心盡失，成交量也出現相對低量。（圖中紅色框框處，另可參考本書第 171 頁「低點的觀察與應有的反應」）

　　這一次上海股市的泡沫，因為股票市場較為封閉，所以可以

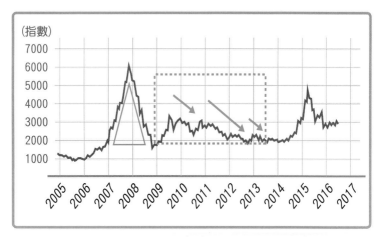

▲ 圖 1-18 2005-2016 年中國上証股票指數趨勢圖

發現成交量並不大,當時因為大陸人士當時對於炒股這件事情並不熟悉,投資人如劉姥姥第一次逛大觀園,情緒很容易遭到影響,在交易量不大、投資情緒容易受到影響的雙重因素下,也創造出非常標準的泡沫形狀:

①特定事件讓人氣聚集、股價快速突破:泡沫通常源起於政策改變或科技技術的突破,例如南海公司與英國政府的合作就算是一種突破,並且預期創造出可觀的利潤,即使還沒有創造任何的利潤,但已經足夠聚集人氣,並且讓股價快速飆升。

②快速上漲、隨後快速下跌。

③泡沫破裂,反彈多次卻無效,一鼓作氣、再而衰、三而竭,最後股民信心喪失、棄子投降。

④三角形。

《為什麼容易買在高點？》

人類大腦是經過數百萬年演化下的產物，在蠻荒的時代，獅子可能突然出現在你的面前，獵豹可能在後面快速地追你，因此人必須要快速反應，這就是所謂的「快思」；另外也有所謂的「慢想」，透過縝密的邏輯性思維，找到問題的最佳解方。

大腦的目的就是繁衍後代、生生不息，具體的大腦運作目標就是「追求報酬」與「避免損失」，因為大腦很小一顆，運算資源有限，有時候並不是兩者一起運算，而是某一系統高度運算時，另外一個系統會停擺。

只是一個因應野蠻自然社會的大腦，什麼是報酬？什麼是損失？非常清楚明確，這一顆小小的大腦可以有效運作；然後時至今日，投資系統非常複雜，一檔股票可不可以投資，牽涉到許多複雜的要素，這一顆大腦的運作模式就容易發生錯誤，順著大腦的本能就容易讓你損失慘重。

例如當市場氣氛高潮之際，一些好的消息紛紛出現，而且實際上交易也賺了錢，會讓大腦的報酬系統啟動，避免損失的系統則停擺，最後借錢融資買進，把槓桿做到最大，結果遇到了泡沫頂峰，一個反轉受傷慘重；譬如說 2017 年 8 月大立光（3008）股票價格來到了 6,000 元，所有同族群有「光」字的股票都大幅度飆漲，像是揚明光（3504）、今國光（6209）也都大幅度飆漲，然後 2018 年也都打回原形；同樣戲碼也在 2018 年出現，國巨（2327）帶領著同類型的被動元件族群一陣飆漲，同年底也差不多都打回原形。

　　我常常與投資初學者分享一個觀念，投資的技巧其實很容易學，一般來說 3 年就可以成為頂尖高手，但是要能夠賺錢，還要經過 7 年的修練，這一段長時間的修練，首先就是承認自己的大腦是「野蠻腦」。

	（野蠻腦）投資人	（野蠻腦＋控制腦）投資人
高點（快速上漲）	衝進去買 （停止判斷相關風險）	考慮賣出 （強制啓動風險評估）
低點（快速崩跌）	低點賣光 （無限高估恐懼氣氛）	低點買進 （強制啓動報酬系統）

　　如上表，當你承認自己是野蠻腦之後，就會開始有了控制腦的出現，可以達到辨識、控制野蠻腦的功能，並採取適當行動。當外在投資氣氛熱絡，股市不斷創高，發現自己也開始情緒波動，這時候控制腦會不斷提醒自己不要被情緒影響，反而應該在情緒高潮點的時候賣出；反之，股市崩跌之際，控制腦會告訴自己不要半山腰接刀，來到了谷底也不要犯了低點賣光的毛病，反而在低點要強制買進。

　　相信大家都聽過羊群效應，讓我們想像一個情境，一隻兇狠的惡狼，追著數百隻羊群到了懸崖，這時候惡狼已經逮獲一隻可憐的小羊，不再繼續追擊這堆驚慌失措的羊群。可是大多數的羊並不知道，只知道一件事情，當大家在奔跑一定是存在威脅，盲目的羊群來到了懸崖，退無可退的羊群不知道該怎麼辦，有一隻羊開始往下跳，不求證的其他羊群也先後跳下懸崖，到最後只剩下一隻羊。

這隻羊看到兇狠的惡狼正在享用美味的小羊，已經沒有在追他們了，應該可以放心回去吃草，可是同時又看到所有的羊群都跳下懸崖，群體共同的決策應該是對的嗎？自己不跳下去，是羊群中唯一不同的選擇，異於眾人的選擇是否能存活下來呢？如果你是野蠻腦，大概就選擇跳了下去，因為在演化的過程中，野蠻世界選擇與群體決策一樣的選項比較能存活下來，所以大腦的預設值是「羊群效應」；可是來到了現代複雜的世界，野蠻腦這一套運作系統已經無效了，很多時候必須要反向而行，才能獲得生存。

　　換言之，承認自己是野蠻腦，當野蠻腦運作時，控制腦就要好好斟酌囉！

《選美實驗與推測思維》

● 福爾摩斯、司馬懿與諸葛亮

　　電影「福爾摩斯2：詭影遊戲」，時序來到了動盪的一次大戰之前，國際間詭譎多變的環境中，暗殺政治人物、製造動亂的炸彈事件不斷發生，一場在瑞士舉辦的和平高峰會中，福爾摩斯與敵手莫里亞蒂教授在大廳外頭碰了頭，下了半場的西洋棋，眼神不斷交會，雙方心裡都知道今日一定得分出個你死我活，如同西洋棋必須推測對方的下一步一樣，連相互武打攻擊的招數，兩個人都能推演出對方的下一步；但是這次福爾摩斯受了傷，自知打不過對方，最後只好出了一個奇招，抓住莫里亞蒂教授一躍而下跌入萬丈深淵的急流中。

　　推演敵人的下一步是人類生存的重要能力，走在樹林中，有沒有獅子埋伏在草叢中，河岸邊有沒有鱷魚準備張大嘴把自己給吃了，來到了國界邊緣，有沒有其他族人設下陷阱準備把自己抓

去當奴隸；我們生活之中隨時都存在著各種的預測，簡單的預測像是大雄考試考差了，回家時老媽會不會處罰。

除了低階的推測之外，有時候會有多層次的高階推測，像是三國時代的司馬懿與諸葛亮兩者推測實力非常強，屈指一算就可以推斷敵方的下一步軍事行動，譬如說預測敵方缺糧，下一步應該會進攻豐收的城鎮，所以早一步布署重兵，給予來犯敵軍迎頭痛擊。

問題是高階推測往往不是只有一層，可能有很多層次。像是對方難道不知道我方可以推測嗎？所以可能採行另外一種軍事行動，那我方又應該如何因應呢？換言之，即便能摸清楚對方的所有可能行動方案，仍然還要推斷對方會如何預測我方的作為，還必須再依據對方可能的推測，再修正我方的作為。

● 凱因斯的選美實驗

舉了福爾摩斯、司馬懿與諸葛亮的例子，讓我們回到投資這件事情，知名的經濟學家凱因斯（John M. Keynes）對於投資市場的描述很特別，他特別以選美實驗（beauty contest）來比喻。什麼是選美實驗呢？報紙刊登了 100 張美女面貌照片，要求讀者投票選出心目中認為是最漂亮的 6 位，如果讀者所選的面孔是最多人選擇的，便可贏得獎品。

如果想要贏得這個比賽，選出你自己覺得最美麗的 6 位美女，並沒辦法讓你贏得獎品。因為這個遊戲並不在乎你覺得誰是美女，而是你的選擇必須合乎大眾的口味，也就是說到底哪些是大眾認為的美女。可是這樣還不會得獎，你必須要再跳到更高階去觀察，也就是一般人認為一般人心目中的一般人觀點為何[3]。

後續有許多學者提出了相關的研究，其中一個是選美結果預

測實驗（p-Beauty Contest Game），可以在自己的公司、班級進行這樣子的實驗，看看大家會選什麼數字？

> 參與者每人從 0 至 100 挑選一個數字，如果你選的數字與所有人選的數字的平均值再乘以 2/3 最接近，可以成為優勝者。

一般來說，如果是一群人選擇數字，人數愈多，平均數應該會接近在 50 上下，而 50 的三分之二則是 33，所以選擇 33 應該最容易成為優勝者，但問題就在於這是第一層次的思考；有些人會進行深度的第二層次思考，推測有些人會選擇 33，33 的三分之二是 22，因此也會有許多人挑選 22。也就是說，思考得愈深的朋友，答案會愈趨近於 0。（如下圖 1-19）

讓我們看一下我在臉書上找了 165 位朋友挑選數字的結果：

這次大家選的數字平均數是 36.89，36.89 的三分之二是 24.59，最接近的是 25。這次的實驗結果，共有 14 人選擇了 34，代表第一層次的思考，8 人選擇了 22，代表第二層次的思考，都

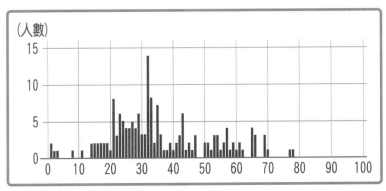

▲ 圖 1-19　0-100 的數字共計 165 位朋友挑選數字的結果

是相對多數的人，只有 2 個人選 1，各有 1 人選 2 與 3。

也有部分朋友不太理解這個小遊戲的奧妙之處，所以選擇 68 以上的共有 6 人。為何選擇 68 以上的人代表不瞭解這個遊戲？因為就算全部的人都選擇了 100，平均數是 100，100 的三分之二則是 67，超過 67 的機率是不可能發生的。

倫敦金融時報曾經進行過一次類似的問卷調查，獎品是倫敦到紐約的兩張商務艙機票。問卷總共收到 1382 份回應，平均答案為 18.9，所以最接近均值三分之二的整數為 13，共有 31 個人贏得了這兩張機票。

為何會出現 13 呢？應該是代表比較多人進行第三層或到第四層的思考：

$22 \times 2/3 = 14.67……15$ 最接近

$15 \times 2/3 = 10……10$ 獲勝

但問題就在於不是每個人都是一樣層次的思考，假設參與者都是看過類似實驗的經濟學學者，則答案應該是接近 0；但實際上有人不理解遊戲的原理而瞎猜，也有人只進行第一層思考，也有人進行第二層思考、第三層思考，甚至於更多層次的思考。

由於進行的遊戲是公開的，所以當大家看到別人挑選的數字之後，會逐步挑選更小的數字；也有許多實驗是針對同一批人進行多次實驗，也發現當第一次實驗之後，答案發現是 23，下一次再進行相同的實驗，大家選擇出來的平均數會愈來愈小，換言之，經過不斷的實驗學習，大家會更深度地推測別人的下一步。

後來我又在中央大學測試了一次，學生約 80 餘人，分成兩組各 40 人進行，後來第一組只有 38 人，第二組 39 人（有些同學翹課沒來）。經過說明後，大多數的學生懵懵懂懂地猜了個數字，少數幾位學生開始猜測哪一個數字比較會得勝。

為了避免學生心算使得最後一位學生勝率最高，所以採用跳躍式的詢問方式，第一階段選出來的學生所選擇的數字平均數為 44.21，三分之二為 29.47，有一位女學生選擇 28 最接近而獲勝；不過大於 67 的同學有高達 9 位，顯然很多人在滑手機沒有專心上課。

　　接著再測試第二次，第一次遊戲時，很多同學還搞不清楚怎麼玩，所以亂猜一通，經過第一次的遊戲後，再加上我又說明了一次規則，第二次遊戲的結果，學生開始進行深度思考，其結果如下：第二輪的平均數字降低為 24.56，三分之二則為 16.38，果然明顯降低，有一位學生選擇 16 最接近而獲勝，與一般實驗相仿，只要透過學習，每一次的結果都會比前一次降低。

●非典型董監改選行情

　　先來簡單說明一下董監改選行情，總統大選時，候選人要獲得選民的支持，當選必須要靠選票；同樣地，公司的董監事改選也要股東的支持，所以支持度不夠的，就必須要增加股票持股的比例，所以公司派持股不足，很容易成為市場派攻擊的焦點，雙方爭搶股票會使得股票價格上揚。

　　大多數公司都在 6 月舉辦股東會，但股東名簿確認卻是在 60 日前，也就是 4 月份的時候就已經決定了誰是股東、誰有投票權。請參照公司法第 165 條第 3 項規定：「公開發行股票之公司辦理第一項股東名簿記載之變更，於股東常會開會前 60 日內，股東臨時會開會前 30 日內，不得為之。」

　　當取得投票權之後，有些人會選擇將股票賣出以換取現金，將資金投入其他項目，因此標準型的董監改選行情，通常會在 4 月結束，然後股價開始走跌。（如右圖 1-20）

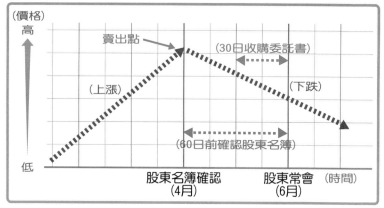

▲ 圖 1-20 董監事改選行情第一思考點

只是董監改選行情已經成為一種波段操作的議題，許多投資人並不想要投票權，只是單純想要順勢操作，因此並不會等到股東會前 60 天才賣出，而會考慮到最後大家都搶著賣，而無法順利在高價賣出，所以賣會的時間會提早，現在幾乎都看不到標準型，而是愈來愈早賣出，如同前述多層次思考的遊戲一樣，太晚賣出可能會賠錢，所以賣出的時間會愈來愈早。（如下圖 1-21）

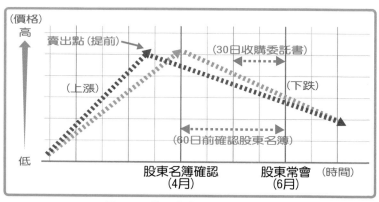

▲ 圖 1-21 董監事改選行情第二思考點

《推測思考》

　　回到三國時代諸葛亮與司馬懿彼此間對於軍事布局的猜測，當某一次被對方猜對而打了敗仗，下一次就會思考自己這樣布局，對方會不會猜到；如果猜到自己的下一步，又該如何因應呢？

　　總之，在日常生活中，若是能比大多數的人更深度思考，而且知道別人會怎麼思考的話，就有可能獲得最後的勝利。但是也不代表多層次思考的學者必然能贏得最後的勝利，因為這些學者認為答案應該是 0，卻沒有想到大多數的人並不會這樣子想，最後還是無法贏得勝利。

　　厲害以及有經驗的人會站在更高位階觀看其他人的現況，譬如說參與遊戲的朋友都是頂尖經濟學高手，就要降低數字，往 0 的方向猜測；如果遊戲的時間比較長，彼此之間可以討論，也要降低所猜的數字。

　　聊了這麼多，主要是希望大家能瞭解人性，當災難發生之後，必須要學習大家會如何思考、行動，要成為一位成功的投資者，不一定是「頂尖思考」，而是必須要「推測思維」，比別人多一層的思維，並不代表優勢，而是站在更高位階之上，全面性地掌握大家的思維，才能夠取得優勢。

　　小遊戲結束後，許多朋友才發現自己的思考層次太淺了，沒關係，即便你習慣於淺層思考，當發現深層思考有利於在這個世界的生存，可以透過學習與不斷累積的經驗，逐漸改進你的思考層次，並逐步建立推測思維。

註 1　許書豪，《查爾斯—金德伯格的國際政治經濟學思想研究》，中山大學政治學研究
　　　所碩士論文，2010 年 9 月，http://www.tisanet.org/quarterly/7-2-6.pdf。
註 2　Goldman pays the price of being big，https://www.ft.com/content/d2121cb6-49cb-
　　　11dc-9ffe-0000779fd2ac。How Unlucky is 25-Sigma?https://arxiv.org/ftp/arxiv/
　　　papers/1103/1103.5672.pdf。
註 3　"It is not a case of choosing those [faces] that, to the best of one's judgment,
　　　are really the prettiest, nor even those that average opinion genuinely
　　　thinks the prettiest. We have reached the third degree where we devote our
　　　intelligences to anticipating what average opinion expects the average opinion
　　　to be. And there are some, I believe, who practice the fourth, fifth and higher
　　　degrees." 參照 Keynes, General Theory of Employment Interest and Money, 1936。

相較於公司的股票價格，國家發展還比較容易判斷

《2018 年世足賽主辦國：俄羅斯》

2018 年俄羅斯主辦的世足賽，俄羅斯擠進 16 強，並與傳統名隊西班牙爭奪八強席次，雙方分別送給對方一記烏龍球，首先是俄羅斯先奉送一分，接著西班牙又以「烏龍手球」製造俄羅斯罰踢 12 碼球得分，兩隊 1 比 1 踢到難分難解，只好進行 PK 戰，俄羅斯門將最後比西班牙多擋下 1 球，以 4 比 3 淘汰西班牙，搶下了八強的一席門票[1]；在門將擋下那關鍵一球的瞬間，首都莫斯科街頭變成嘉年華派對，當時正在舉辦喜宴的新人也把晉級八強當作最好的結婚禮物[2]。

當時充滿歡樂的莫斯科，卻難以想像 3 年半前，也就是 2014 年 12 月，正面臨一場經濟上的惡夢。在西方國家制裁以及油價崩跌的雙重壓力下，為了挽救崩跌的盧布，12 月 16 日利率從 10.5% 陡升到 17%[3]。（如下圖 1-22）

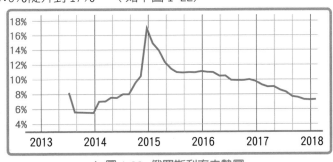

▲ 圖 1-22　俄羅斯利率走勢圖

同一天，12月16日的俄羅斯股市指數，也從前一天的718.32點，崩跌到最低的578.21點，收盤則回到629.15點；相較於前一天的指數，當日的最高跌幅高達19.51%，收盤雖然收斂了一點，但也跌了12.41%，高低點震幅高達24.24%，是非常驚悚的一天。

觀察到股市恐慌（低點、快速下跌）、政府出招（利率暴增）、匯市驟貶，同時符合股市崩盤的三大特徵，這一天，當資金紛紛竄逃俄羅斯時，隔日我開始透過基金投資俄羅斯；時至我撰寫本文的2018年間，俄羅斯已經站上1,000～1,300點之間，相較於當時單筆切入的成本750點的位置，已經獲利大約五成上下。

《戰鬥民族俄羅斯》

股票暴跌要找出原因，才能決定是否要買進。問題來了，股票暴跌的原因到底是什麼？營收變差、匯損、天然災害、主要客戶抽單，還是稅務成本上升！即便找到了問題，還要判斷未來有沒有漲回來的可能。像是2016年11月22日復興航空董事會無預警決議解散後，很多人想要承接，也有些人想要等待重整，有沒有可能成功？變數實在是太多、太大。換言之，股票的低點值不值得切入，有太多的因素的時候並不好判斷。

一個國家股價指數的崩落，比股票崩落要容易判斷。例如俄羅斯的崩落，主要是俄羅斯占領烏克蘭的部分土地，引發歐美各國聯手制裁，接著石油天然氣價格的大幅度下跌，從100元跌到50元，甚至於來到了30元的關卡，使得俄羅斯金融市場大幅度波動，來到讓人驚嚇的低點。

要不要切入俄羅斯？這個問題的重點在於是否認為俄羅斯是強國？遇到國際制裁、原物料震盪，是否就會導致國家一蹶不振？

俄羅斯是著名的「戰鬥民族」，蘇聯解體後，分裂成許多國家，俄羅斯是國土面積與實力較為完整的其中一個國家。回想起冷戰時代與美國對抗的榮耀，看看現在邦的分崩離析，對俄羅斯而言，非常期待能回到過去光榮的日子。電影「紳士密令」是一部間諜片，片中以美國、俄羅斯與英國三方間諜鬥智的故事，抓住了觀眾的目光，但也暗喻著這三個國家曾經都是世界大國。

　　俄羅斯此一民族算是有料的國家，至少當年德國剷平了歐洲卻碾不平寒冬中的蘇聯，就可以讓俄羅斯的人民挺直了腰桿、面對全世界的挑戰。所以，即便暫時性的摔倒，就值得期許俄羅斯再次靠自己爬起來。

　　相較於俄羅斯，義大利也是歐洲相當大的經濟體；義大利與希臘較為神似，分別擁有古希臘文明、羅馬時代作為其光榮的歷史背景。2006 年 10 月，很幸運地我與兩位檢察官有機會代表台灣同赴義大利參加 G8 網路犯罪會議，當時待了將近 10 天，除了參加會議，就是深入羅馬城探討文化的軌跡。

　　這 10 天，對於義大利的印象就是只剩下「拿鐵、古蹟、塗鴉與吉普賽人」，這一代靠著殘存下來的古蹟、藝術，卻又充滿了塗鴉的破壞，而且對於塗鴉與吉普賽人的亂象，政府攤手無法解決；處處感覺到欠缺著新興國家崛起的鬥志，今日的義大利人也少了一股維繫當年文化榮景的使命。相較於俄羅斯，義大利這樣子的國家如果倒下去，是否值得操作會讓我考慮再三。

　　回到俄羅斯，2014 年 12 月，俄羅斯歷經國際制裁、油價崩跌，使得股市大跌、匯率走貶，為了因應這些困境，俄羅斯政府採行了利率爆升的策略，基於右頁資料的分析與判斷，隔（17）日我投資了俄羅斯：

　　表列出的第 1 至 3 點，代表著一個崩盤的現象，每一個現象

編號	現象	分析
1	利率爆升	12 月 16 日，在當地清晨時分猛然將基準利率從 10.5% 提高到 17%。
2	匯率劇貶	12 月 16 日，匯率盧布最多貶值到 78.87 元，最低則是 58.031 元，收在 66.664 元，波動劇烈且拉了一根長長的上影線。
3	股市崩跌	12 月 16 日的俄羅斯股市指數，也從前一天的 718.32 點，崩跌到最低的 578.21 點，收盤則回到 629.15 點；相較於前一天的指數，當日最高跌幅高達 19.51%，收盤雖然收斂了一點，但也跌了 12.41%，高低點振福高達 24.24%
4	崩跌的外在因素	(1) 國際實力強，要對俄羅斯制裁並不是那麼容易。 (2) 油價下跌，全球油品儲量是有限的，短暫下跌，未來還是會上揚。 上列二者都是可以解決的影響因素。

都極為嚴重，而且三者合一是非常難見的機會。只是機會來了，要不要投入，就必須找出發生這些現象的原因，因此第 4 點正是探究其中原因，並研究是否這些原因可以排除，最後才能夠決定是否要加以投資。

　　只是針對第 4 點的研究分析，不能夠在第 1 至 3 點發生的時候才進行，而是平日應該要開始著手累積國際關係的知識，臨時抱佛腳是沒有用途的。

註 1 2018 世足：本屆首場 PK 俄羅斯爆冷 4：3 淘汰西班牙晉 8 強，http://www.chinatimes.com/realtimenews/20180701002642-260403。

註 2 遭遇地主國必敗？ 西班牙魔咒延續，https://news.cts.com.tw/cts/sports/201807/201807021929977.html。

註 3 俄國大幅上調利率盧布跌入新低，http://www.bbc.com/zhongwen/trad/business/2014/12/141216_russia_interest_rate。

2年1災難

《只看單一市場，指標性的低點很難出現》

這本書的標題為何有 3,955 點怎麼還不來？

當我們檢視歷史的時候，會發現股票市場高低起伏很大，大盤在低點的時候，大多數的股票都便宜的不得了；反之，大盤在高檔的時候，股票也會偏向於高價。從歷史的軌跡可以發現一件事情，只要能在低點買進股票，高檔賣出股票，就能獲利滿滿。

只是 2008 年底的 3,955 點觸及反彈後，迄今已經 8 年有餘，卻難以等到 3,955 點的位階再次到來。問題就在於會不會再也不來，如果又等了 8 年，自己屆時能否把握住千載難逢的機會，一次梭哈呢？

讓我們看一下 2010 年 7 月至 2012 年 6 月的台灣加權指數走勢圖（如右圖 1-23），2011 年因為歐債危機牽連台股，台股也從年初的 9,000 點一直跌到年底的 6,500，跌幅高達 2,500 點。

只是 6,500 點的時候，會認為不到歷史低點，而是相對低點，再等一下，不到低點絕不出手，所以還是癡癡地等著 3,955 點的到來，但距離目標卻還差個 2,500 點，是個遙遠的距離。

結果還在左右為難之間，又反彈上去，6,500 點一路漲回到9,000 點，2015 年 4 月最高點還來到 10,014 點，所以這一波最多有 3,500 點的漲幅就沒賺到了。因此，3,955 點並不是說絕對不

會再出現，而是如果只鎖定台股單一市場，要等到像樣的低點出現可能要等很長一段時間。

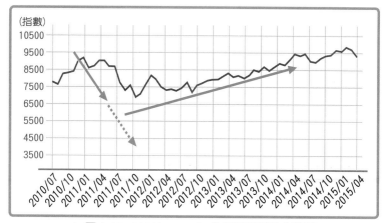

▲ 圖 1-23　2010/7-2015/4 台灣加權指數走勢圖

《投資多樣性：台灣不是唯一市場》

　　等待 3,955 點的投資方式欠缺效率，如果要等這種相對低點的到來，在長期多頭市場的環境下，會導致很長時間與投資脫節。假設除了台股市場之外沒有再進行任何的投資，則資金長期閒置，沒有持有任何資產，在通貨持續膨脹的環境中，就很難享有資金氾濫時代資產膨脹應有的利潤。

　　這種欠缺投資效率的方式，主要是在「投資無國界」的時代，許多人還是眼睛貼著台股看，除了台股什麼都看不到；要不然頂多就是勸人買美股，使得除了台股就是美股；再加上台股受到美股的影響很大，會隨著美股而連動，欠缺「投資多樣性」的選擇，其他的世界就像是遙遠的外太空，只聽過名詞卻遙遠不可及。

　　原因在於島國思維，只把台灣市場當作唯一的投資市場。

放眼國際，馬上就可以在投資平台上加入許許多多的國家，而且不只是國家、區域，原物料、農產品、匯率等都是可以關注的標的，如果可以多加入五個國家或區域、原物料、農產品、兩個國家的匯率等標的，在這種天災人禍發生的頻率不低的世界，隨時都有低點可期。

　　先前我們介紹「投資觀察目標一覽表」的做法，列出了五個國家或區域、原物料，以及匯率，實際上的運作則是可以逐步增加範圍，例如股市可以增加到五個，匯率可以再加一個，總共就可以增加到八個標的。

類型	觀察目標	現在指數 / 價格	目標指數 / 價格	操作工具
國家	日本	22,000 點	10,000 點	日本基金、ETF
	美國	25,000 點	12,000 點	美國基金、ETF
	中國上海	3,500 點	2,400 點	中國基金、ETF
	俄羅斯	1,100 點	800 點	基金、ETF
	德國	12,000 點	6,000 點	基金、ETF
原物料	西德州原油	80 元	40 元	基金、ETF
農產品	黃豆[1]	850 點	1,200 點	ETF
匯率	英鎊	1.35 元	1.2 元	現貨、基金
	美元	31 元	29 元	現貨、基金、ETF

　　如果平均每一個標的在 16 年的期間會碰到一個低點，八個標的來計算的話，也許每隔 2 年就可以碰到一次天災人禍所導致的市場低點。雖然談不上天天有低點，但只要放眼國際，低點有空可是會常來坐的，再加上災難投資法的期間大約 2 至 5 年的時間，使得每個投資標的之投資期間常會有重複的現象，也代表著自己

的投資金額隨時都可以有標的投入。

「投資自己熟悉的事物」，這個觀念是正確的。但問題就在於自己熟悉的領域太狹窄，又不願意主動去學習新的領域，可操作標的就會愈來愈少。像是生技股是近年來的明星產業，可以相關法令制度繁多，技術又非你我所能理解，下了苦功恐怕也知道有限，基亞、浩鼎等股票因為藥證沒過，漲到雲端的股價突然崩跌，要投資這一類的領域就要審慎為之。

股票有一千多檔，國家則約為兩百多國；股票好壞仔細看也未必清楚，但國家強弱通常很容易知悉，所以多瞭解國際關係與地緣關係，可以擴增自己的投資領域，可操作標的不會僅限於傳統的幾個國家，而能真正地投資全世界。

《災難，總是會再來》

理論上，人是會記取教訓的。

當世界人口愈來愈多，爭執就會不斷加速發生，搶資源、搶糧食都是常見的現象。像是中美貿易戰爭中，大陸針對黃豆部分反擊，準備在 2018 年 7 月 6 日對美價值 340 億美元商品，包括黃豆，徵收 25%關稅[2]。

這時就有一艘滿載著黃豆的飛馬峰號貨輪（Peak Pegasus），加足馬力，希望在 7 月 6 日新關稅施行前抵達中國大連港，但卻無奈未趕上最後期限，且遲未有買家出手購入，因此在中國外海漂流 1 個月。最後，由中國國營企業「中儲糧集團」買下，並於 8 月 12 日，成功進入大連港卸貨，但中儲糧集團須額外支付 600 萬美元（約新台幣 1.8 億元）的關稅[3]。

當飛馬峰號貨輪使盡「洪荒之力」全速駛往中國大陸時，在大陸社交媒體上引發了強烈關注，大家每天盯著「船訊網」，觀察

這艘船是否能趕到。可惜的是，在外界一致的加油聲中，飛馬峰號終究沒能及時趕到港口。

　　根據船訊網的衛星定位軌跡圖，飛馬峰號 7 月 6 日未能成功卸貨，於是在大連港外海熄火，並隨著大海潮起潮落繞著下錨圓心一直在原地打轉[4]。按照農產品出口原則，這艘大豆船無法將整船大豆運回原產地，只能把大豆倒入海裡，或是另尋買家。

　　雖然飛馬峰號貨輪事件最後獲得了解決，但在國與國之間連民生用品都可以成為鬥爭工具的時代，顯見人類在搶資源、爭取自身利潤的前提下，看似現代社會但卻逃脫不了野獸社會的本質，傻傻數十億的人類野獸，大部分會聽從潛意識的指揮而行動，當黃豆跌到一定價格的時候，你是否勇於買進呢？

　　當災難來臨，很多人在低點時還是不願意投入，總是認為還有低點。隨著災難逐漸沉澱，一次又一次崩跌的痛苦，只要時間夠久，又可以回到馬照跑、舞照跳的歡樂場景。只是這一段復甦的初升段中，人性依舊會排斥再介入而缺席，一定要市場熱度到瘋狂的時候，原本理性的散戶又立馬跳入市場，再次受傷一次，再次剁手說不再投資了。

　　天災是必然發生，人性更是喜歡高點，這就是災難反覆發生的原因。

●補充

比較項目	黃豆	石油
供給	每年在一定的季節生產；會隨著生產技術而改變。	地球一個，儲量隨著產量而減少。OPEC 等組織與國家聯合增產或減產。
需求	隨著人口逐年增加。	隨著人口逐年增加。
美元匯率	以美元計價，應為反向。	以美元計價，應為反向。
生產國	美國、巴西為主，從 10 月到次年 1 月，巴西因季節因素將大幅度減產。	OPEC 與非 OPEC
戰爭影響	比較沒有	有
氣候	有	比較輕微
政治	有，如中美貿易戰。	針對特定產油國的抵制，如美國對伊朗。
其他因素	豬瘟疫，使得飼料需求降低（黃豆為飼料添加物）。	

註1 https://www.investing.com/commodities/us-soybeans-streaming-chart。
註2 美中貿易戰！互課 25％高關稅 7 月實施，https://udn.com/news/story/12108/3202254。
註3 參見海飄 1 個月黃豆船終入港中企買下須付關稅 1.8 億，http://ec.ltn.com.tw/article/breakingnews/2517792；大豆船「飛馬峰」號開始在大連靠岸卸貨，http://news.wenweipo.com/2018/08/12/IN1808120023.htm。
註4 滿載美國大豆的船狂飆衝向大陸沒躲過加徵關稅，https://udn.com/news/story/7331/3237969。還記得那艘美國大豆船嗎？一個月了它還在海上繞圈圈，http://www.52hrtt.com/gr/n/w/info/G1533633846097。

人口結構使得經濟前景看淡

《老人化與少子化》

上一個世紀發生了兩次世界大戰,戰後復甦期間爆量的嬰兒潮,使得人口增長並非呈現穩定的趨勢,這一批當年的嬰兒潮已經變成了今日的老人,已屆退休年齡或即將退休,消費支出必然下降。

現今成熟國家因為房價高漲、薪資不漲,以及結婚年齡延後、願意生育的區間較短,所以少子化成為普遍現象,以我國總生育率一直在 1.0 上下打轉,代表著兩對父母只各生了一位子女,人口將成為老人多、年輕人少的頭重腳輕現象,而且隨著占比較高的老人離開人間,整體人口將逐漸縮小。換言之,在 2060 年之前,我國將會轉換成一個以老年人口為主的經濟體,自然整體經濟情況將呈現下滑趨勢。

我國情況惡化排名世界第一,依據國發會統計資料,150 年(2061 年)的中位數年齡居然高達 56.9 歲 [1]。當你搭乘時光機來到了 150 年,進入捷運車廂,舉目望去一半的乘客都是 57 歲以上的老人,藍色博愛座早就取消,改成白色是年輕人的非博愛座,其他全部都是老人的藍色座位。

人口結構的改變,未來將以老人化、少子化為主要結構,不只是台灣,還包括世界許多國家,此一趨勢將會愈來愈明顯,影

響也會愈來愈廣泛，尤其是老人占比大幅度提高，對於國家財政結構與社會消費模式的影響愈來愈大。

舉個例子，1998 年生肖屬虎的出生人口首次跌破 30 萬，來到大約 26 萬，這些小老虎將會在 2025 年開始進入到想要買房子的年齡；2010 年甚至於出生人口跌破 17 萬人，將在 2037 年進入買房子的年齡，這些人口的轉變，代表一般住宅需求逐步滑落。然而也不是沒有機會，相對而言，老人住宅也大幅度提高，許多便宜的公立養老院都必須要長期等待才可能進住；死亡人口將翻倍，相關產業也將供不應求。

《台灣未來的經濟前景如果下滑……》

如前文所述，從人口結構來看，台灣的經濟前景應該是堪慮，甚至是許多主要成熟國家也有相同的問題。既然主要國家市場未能期待有好的前景，許多股票投資從長期上來看就可能逐步下滑，這或許也是各國為了維持經濟榮景而不斷印鈔的主因。

雖然趨勢向下依然可以找到趨勢向上的股票，像是老人產業，依舊能以股票為主要投資標的，但因為股票投資比較會受到景氣的影響，而且未來的震盪波動應該更形劇烈，國家與國家之間的影響更為顯著，建議可以趁著高檔的時候逐步降低手中持股的比例，等待金融風暴來襲時，改為以本書的災難投資法進行低買高賣的操作模式，一樣可以獲利滿滿。

個人持有股票的比例，向來占整體資產的 50% 以上，隨著未來經濟趨勢逐步向下態勢逐漸明顯，目前正逐步降低長期持有股票的水位，占整體資產的比例降到 25%，多出來的資金改為本書所主張的災難投資法。

註 1　中華民國人口推估（105 至 150 年），http://www.ndc.gov.tw/Content_List. aspx?n=84223C65B6F94D72。

人性篇

3,955點的股市低點

《3,955 點的近期歷史低點》

自 2000 年以來，台股的低點分別如下：

◎ 2001 年 9 月，發生於網路泡沫，最低來到 3,411.68 點。

◎ 2008 年 11 月 21 日，發生於金融海嘯 3,955 點。

如果只看最近 10 年的低點，則是金融海嘯的 3,955 點，這也是本書所提到的關鍵低點。

這段時間，全球股市拉回的幅度相當深，每天都是數百點的跌幅，不少銀行、企業都面臨生死存亡關鍵，消費極速凍結，經濟成為一灘死水，為了挽救經濟的動能，台灣當年還發行前所未有的「消費券」。但其實在此風聲鶴唳之際，正是選股分批買進的良機，只是瀏覽了當初市場媒體推薦的股票，其中有很多檔即使到了今天，股價也所剩無幾，但只要價格夠低，反彈至少會有波段可以賺。

後來幾年隨著世界各國救市策略，美國印鈔、日本印鈔，連歐盟也印鈔了，資金氾濫的結果，股市不斷上揚，許多當年低點切入的投資者，只要忍過金融海嘯，幾乎在股票、不動產的資產價格上都能享有不錯的獲利；有了這一次的經驗，許多投資人均信誓旦旦地表示只要低點 3,955 點來到，一定傾全力地梭哈投資。

只是左等右等，這一天一直還沒有到來。

《低點再來的那一天》

● 野蠻腦來到複雜的現代社會

低點還會再來，但是等了這麼久的你，屆時你真的會投資嗎？

這是本書一直問的關鍵問題。讓我們假設 3,955 點再次來臨，市場上已經一片急凍，幾乎沒有人敢看多，甚至還有人下看 2,000 點；在那種氛圍下，唯一的策略就是兩手一攤睡覺去，什麼都不要想，等待災難過去，怎麼可能再去投資呢？

● 人性是追高殺低。

如同人類的演化過程中，為了讓人類願意繁衍下去，找到可以維持生命的食物，就可以滿足飢餓感，並且給予一個好的獎賞，像是分泌多巴胺，讓人們有動力可以持續找食物，讓生命可以延續下去。

股價不斷上漲，如同吃到一個美好的果實，會鼓勵自己繼續享受上漲的感覺，也讓人們在現代股市中容易出現追漲的行為，因為只要股票帳面上漲，大腦就會分泌化學物質，不斷地鼓勵你追漲、賺錢、享受美好人生，只是股票複雜不少，摘取果實吃了也不下跌，股價漲了卻會下跌。

實際上就是野蠻腦來到複雜的現代社會。

● 喜好橫向比較價格的大腦

因為大腦非常小一顆，腦容量有限，不適合大量燒腦的運算，不適合詳細分析每一檔股票的本質，所以看財報、年報，或者是進行繁複的數據分析，都不是一般投資者經常使用的手法，最好只要看兩條線的技術分析法，或者是直接聽明牌就能賺錢，才是大腦最喜歡的決策運作方式。

大腦不喜歡深入研究反而喜歡比較價格，所以常常會看到「接刀」，接刀的原因在於橫向價格比較，昨天股價 100 元，今天變成 90 元，價格比較便宜，就會想說等到股價又回到 100 元，就可以賺 10 元的價差，90 元就是一個比較好的買點。這樣子的分析欠缺本質的申論，純粹是價格的比較；殊不知股價下跌的真正原因是因為主要客戶抽單，或者是相機已經被手機所取代，只進行價格的比較是一種很危險的投資方式。

● 接刀的神秘買盤

很多股票崩跌的第一天，許多投資人馬上會搶進，希望賺個價差。像是當某檔股票一直走高或者是長期平穩，突然因為單一事件使得股價暴跌，這時候會有許多人切入，有人喜歡稱之為「神秘買盤」。這些神秘買盤經過長期驗證，大多不太準，應該只是看到相對低價就買進的散戶。

只要 Google 輸入「神秘買盤」四個字，就可以找到許多當時的相關新聞，譬如本書撰寫之際，剛好遇到樂陞事件、復興航空解散清算、葡萄王竄改產品日期等事件，參考下表，大家可以回頭檢視當年的崩跌之日，是否突然爆大量的交易買盤出現：

股票	相關報導內容	最後的結果
基亞 (3176)	有望打開跌停窘境神秘大單進場狂敲云辰。 (2014/8/8 中時電子報)	當時股價約 200 元，2018 年初股價大約只剩下 30 餘元。
樂陞 (3662)	神秘買盤再度湧現，樂陞敲開跌停勁揚逾 7%。 (2016/10/14 聯合新聞網)	2017 年 10 月 19 日，樂陞科技下櫃。
興航 (6702)	興航跌停盤後爆神秘買盤。 (2016/11/24 中時電子報)	2018 年 7 月清算完成。

　　大家可以建立在臉書社團中增加一個貼文,加上「關鍵字:#神秘買盤」,然後把看到有神秘買盤的股票都都列在這個貼文之中,然後追蹤這些股票 3 至 6 個月,就大概可以知悉哪些類型的神秘買盤是假的,哪些類型的神秘買盤是真的。

　　案例看多了,久而久之對於接刀行為這種人性的缺點,自己也能夠逐步修正,大腦中建立一個新的小程式,看到暴跌不要直接接刀,還要多觀察、多分析,買入對的股票,擔任正確的神秘買盤,才不會受傷。

●別讓子彈太早用完

　　回到剛剛談論的股價驟然暴跌,這時候會有許多人因為價格相對較低而切入這件事情……

　　但是當股價跌到一定的恐懼點時,買盤就會消失不再介入,像是 2008 年金融海嘯下跌的階段,到了 6,000 點通常子彈都打光了,也無法再接受每次投入資金就虧損的感受,於是 3,955 點來臨時,明知該加碼,卻也沒錢亦無心加碼。

　　個人在金融海嘯的經驗是非常散戶,9,000 點的時候,手中持股就頗滿,跌到 7,500 點時,證券帳戶的現金已經空了,只好拿出非證券帳戶的錢出來,再殺到 6,000 時,當時一方面是沒錢,一方面看到局勢非常的險惡,就算有錢應該也不敢再投入,反而在思考是否要「停損」,留得青山在、不怕沒柴燒。

談到「停損」，有研究將風險分成 4 級（1 最輕，4 最重），第 2 或亂世的第 4 等級風險才會出現「處置效應」，虧損的股票比較不會賣出，獲利的股票賣出的比例比較高；平靜無波的日子，第 1 或第 3 等級，反而是「反處置效應」，投資者有一丁點的損失，都會立刻停損，只賺一點點的時候，卻不願意獲利了結。

風險等極	風險 <0.5%	1% < 風險 <7%	7% < 風險 <39%	風險 >40%
類型	①反處置效應	②處置效應	③反處置效應	④處置效應
反應	⊙有一丁點的損失，都會立刻停損 ⊙只賺一點點的時候，卻不願意獲利了結	⊙虧損的股票比較不會賣出 ⊙獲利的股票賣出的比例會比較高	⊙有一丁點的損失，都會立刻停損 ⊙只賺一點點的時候，卻不願意獲利了結	⊙虧損的股票比較不會賣出 ⊙獲利的股票賣出的比例會比較高

聊完了這一研究，再回到我面對金融海嘯的反應。當時我除了買進並沒有進行停損，說真的只是嚇傻了，當時也不太知道這種大崩盤的停損策略，唯一慶幸的都是現股，堅守不融資原則，才沒有讓自己陷入更悲慘的狀況。

參考上述的研究，6,000 點的時候，應該是屬於「(3) 反處置效應」階段，思考是否要停損；等到跌到了 3,955 點的最後階段，是否要賣出已經不重要了，這時候進入「(4) 反處置效應」階段，虧損的股票比較不會賣出。

就像是 2016 年 2 月，原油價格來到了近 10 年來的低點，但是又有多少人會去購買原油產品，當然並不是要求各位去加油站買一桶油回家，而是要思考可以購買原油相關 ETF 或基金，如果當時買進，到了當年度年底已經可以賺一倍了。

> 理論上：如果……，就可以………。
>
> 實際上：如果……，卻不會………。

●個人投資策略的演變

由於金融海嘯的慘痛經驗，個人在資金調配上做出了重大的修正。假設還有 300 萬元可動用的資金，大盤來到 10,000 點，制定如下的資金配置策略：（參見次頁表格）

①跌到大約 7,500 點時，可投入三分之一的資金 100 萬元。

②跌到大約 5,000 至 6,000 點時，可投入再三分之一的資金 100 萬元。

③跌到 4,000 點以下時，再投入最後三分之一的資金 100 萬元。

隔了幾年，2015 年 4 月大盤最高來到了 10,014.28 點，但立刻在 2015 年 8 月 24 日跌到了最低 7203.07 點，當時周遭的朋友哀嚎遍野，紛紛問該如何是好？於是我執行了三分之一的可投資金額，挑了幾檔還算穩健的股票，只可惜並沒有機會再往下執行另外兩種策略，不過當時投入的資金，迄今也算是有不錯的回報。

只是隨著股價又走高，高檔震盪不已，全世界資金流動已經出現了不少異常的現象，上述兩種操作方式，雖然有更新演化，可是說穿了還是單一市場台灣的操作策略調整；當國際金融的圍牆不在，人在台灣一樣可以投資全世界時，台灣的投資不應該是唯一，應該僅占總資產的 50 ～ 60%，挪出 20 ～ 30% 來執行災難投資法，才能分散風險又能有豐碩的成果。

Dr. J 的三階段投資思考發展			
階段	1 萬 → 7,500 點	5,000 至 7,500 點	4,000 點以下
第一階段 失敗經驗 （2010 年以前） 股票投資 100% 災難投資法 0%	9,000 點時證券帳戶的資金已空； 7,500 點拿出剩餘的其餘資金投入。	無資金，只有將收入持續投入。	無資金
第二階段 修正策略 （2011～2016 年） 股票投資 80% 災難投資法 20%	可投入資金的 1/3 2015/8/24 跌到大約 7,200 點投入。	可投入資金的 1/3	可投入資金的 1/3
	2011 至 2016 年，已經有日本、中東、中國、俄羅斯四次災難投資法的經驗，隨著操作技巧與心理素質的提高，已經從 10% 的報酬調高到 30% 的報酬，甚至更高。		
第三階段 強化災難投資法（2017 年～迄今） 長期投資 20% 災難投資法 80%	先前長期投資的國內股票，約占總資產 50～60%，未來除定期檢視持股，原則上不太進行交易，以配息為主。 另外，搭配少量特定議題投資，譬如可轉債、庫藏股、董監改選等題材，占 10～30%。 總資產的 20～30% 進行災難投資法的投資。		

低點的感覺：
害怕、懊悔、麻痺

《旁觀者，只是一瞬間》

●失智的父親

2018 年間，母親已經七十餘歲，外婆也九十幾歲了。

年歲已大，身體難免逐件欠佳，看著母親照顧年邁的外婆，只有在過年團圓時才能好好有個機會向母親說一聲辛苦了。一年又一年的過去，一年一度的團圓飯似乎一晃眼就來到，看不到母親照顧外婆的過程，總是感覺母親的辛勞只是一瞬間。

而當自己身處其中，變成外婆的主要照顧者，外婆的每一個反應都可能造成照顧者的壓力，這個壓力一分一秒的存在。像是一早就要準備餐點、病痛時必須陪同、24 小時待命、走路要陪在旁邊，避免摔倒，還有吃飯要絞盡腦汁，才能讓外婆吃得愉快……親友也未必有時間能夠陪同換班，即使請了昂貴的看護，一有狀況看護打了電話進來，又要趕過去瞭解。

照顧者的每一秒，像是一年一年的渡過；但對旁觀者而言，這一切只是咻一下一個念頭的過去。

在鏡頭前光鮮亮麗的知名作家張曼娟，送 90 歲的失能父親到急診四次，回家再熬夜準備工作。描述起來似乎簡單，卻是一段漫長照顧的日子，曾有人跟她說：「照顧父母是你的福報，就像小時候父母照顧我們一樣。」張曼娟一看就知道對方沒照顧過老年父

母，因為旁人很難體會好幾個月都不能睡，每天只能吞安眠藥和抗憂鬱劑才能繼續照顧年邁父母的心情，而是輕易說出「你的福報」。

我在 2016 年發現父親慢慢地無法照顧自己，以前常自稱勇健的他，每天可以走路 2 小時，現在不僅是身體機能不若以往，有一次回家探望時，發現父親腿上用很散亂的繩子把尿袋固定在腳邊，詢問了半天才知道父親前幾天排尿不順，應該是攝護腺復發腫大，只好帶著父親到附近的醫院重新處理，許多醫生建議開刀，折騰了好久最後看了一位知名的醫生，決定不開刀只吃藥，終於把麻煩的尿袋與管線拆除，好險之後排尿尚稱順暢。

這一次我發現父親已經無法照顧自己，隨著腦部開始退化，竟出現了偷竊的異常行為，跑了兩次法院，說起來很簡單，就是跑了兩次法院還被判刑，但是整個過程遇到附近鄰居抗議，還有警方調查、檢方傳喚，每次看到信箱有法院的公文書時，就不知道這樣子的生活何時可以順利扭轉。

後來父親表示想要住進榮家，猜測是父親已經無法自己煮餐點，而我提供的餐點也難以滿足其需求，當年榮家說會照顧老榮民的承諾，對於父親這一位老榮民來說到老也不會忘記。

只是在申請過程中，才發現當年榮家的承諾早就如風逝去，榮民之家的醫生認為父親的回答有點怪異，其實醫生也不過是問現在幾月？當時是四月，父親回答了十月；又問現在總統是誰？父親回答了蔣中正。

這兩個小錯誤，醫生要求我們進行失智檢測；還記得那時候門口有位小姐跟我們表示：「雖然內部規定輕度失智可以住進該園區，但人力不足，希望家屬能另外找地方安置。」

本來以為失智檢測只是一次門診就可以搞定的事情，結果一看精神科，精神科醫師並不是問幾個問題就能開立失智與否及程度的證明，還要另外排心理諮商師多次進行檢測，醫生才會依據心理諮商師的報告據此評斷，一拖就至少要 3 個月以上。可是狀況百出的父親怎麼可能熬過這麼長的時間，到處詢問請求協助之下，才跑到中和醫院的失智中心住了一段時間，在最短的時間內，醫生診斷是輕度失智，後來才順利住進了榮民之家。

因為住的園區屬於可以自理區域，父親常常找不到自己的房間，也常常在吃飯的過程中與旁人發生衝突，還曾經跑出園區走失過，每次照護員打電話來，大概就是有狀況要找時間前去瞭解處理，不斷彎腰道歉。雖然父親的本性善良，但是狀況百出的他就成了別人口中的燙手山芋，還好在園方的協助下，歷經半年重新到醫院檢測，順利移住到隔壁屬於中度失智的園區，狀況才比較改善。

如同當時門口小姐對我說的話一樣，原本只提供自理者進駐的園區，人力確實非常不足；但這樣子的回答很簡單，對於沒有處理經驗的家屬，父親在輕度失智與重度失智之間，要在外頭找到合適的安置地還真是比登天還難，未來失智者人數快速增加，長照人力不足的問題恐怕會更形惡化。

不過本文並不是探討長照的問題，這一年半照顧父親的經驗讓我每次看到其他照顧者的辛苦，心中會更能感同身受。這段經驗打起字來不過千來字，各位讀者看完也不過十來分鐘，但身處其中的我，每一分每一秒的過程卻得用「熬」這個字才能形容。

●回首投資歲月，一晃眼就是10年

回歸到投資的議題，現在看過去的漲跌，月線的技術分析，一頁就可以囊括了數十年的買進賣出資料，這時的你看著數據與線型能夠「理性」分析，還能充滿自信地說如果再次發生一樣的狀況，會照著紀律投資，低檔強力買進嗎？

嘴巴講講誰都會，實際狀況來臨時，才發現根本不是這麼一回事，例如很多人會說跌到5,000點時一定會加碼買進；回漲到萬點時，就能抱著滿滿的獲利出場。然而，到了5,000點的時候，思考的根本不是加碼的問題，而是害怕再跌，加上無盡的懊悔。

懊悔什麼呢？正所謂早知如此、何必當初，每天起床想著就是上個月初第一根黑K下跌時，就應該全部賣掉或至少賣掉一半，如果當時賣掉，只是小賠，不用面對龐大的帳面損失，不斷責難自己當初為什麼要貪心，居然在那根黑K棒出現後，還幻想隔兩天會再彈起來；結果沒彈，就一路從11,000點跌到5,000點。

5,000點的時候每天責難自己，隔沒幾天，又跌到了3,955點，連心都麻痺了，或許此時心中還有一點理智，偷偷地發出一點聲音告訴自己要加碼買進，但麻痺、恐懼與無盡的懊悔纏繞著心頭，買進這件事情已經是按不下去的鍵盤。

又一瞬間，股價翻起來，再次懊悔怎麼沒有照紀律執行。

《3,955低點害怕、懊悔、麻痺的功能》

⊙為什麼低點會產生害怕、懊悔、麻痺呢？
⊙為什麼不是低點的時候，愈跌愈快樂呢？
⊙為什麼在夢裡時常會想起失敗的場景呢？

這當然是一種演化的功能，賠錢對自己是不利的；不利的事情產生不舒服的感覺，然後就選擇避開。經過長時間的演化，大腦對於特定事件會產生反射動作，例如突然有物體往眼睛快速撞擊，反應就是閉起眼皮以保護脆弱的眼球，這時如果還經過大腦去理性思考，恐怕眼球早就毀了，這是數十億年的演化結果。

　　年輕時學習防身術，會有一些模擬情境，像是遇到多名歹徒該如何處理？答案可不是穿上護具進行一場公平的決鬥，其中一個險招就是假裝攻擊對方眼睛，當對方一眨眼的瞬間，快速擊中他的身體要害，讓其倒地，再與其他剩餘的歹徒對戰。

　　大腦對於賠錢這件事情不會產生快樂的感覺，除非有特殊的原因，才會有刻意讓自己賠錢的行為。至於為何夢裡會想起失敗的場景，甚至時常會回想起不愉快的事情呢？

　　基本上大腦有模擬的功能，有點像是訓練飛行員的模擬器，先模擬個一百次再上陣，可以節省油錢，避免真正飛在天空時所產生的風險。所以大腦可能會在平時、睡覺的時候重播或重組類似情境，讓你能夠預先模擬各種狀況，就可以思考解決之道，等到真的發生危險時，就能以最快的時間找到最佳解決方案。

　　最後來講一下麻痺這件事情？試想看看，如果賠錢破產這件事情一直在大腦中重複播放，身體一定會受不了，所以對於同樣的刺激，會「邊際效益遞減」逐步弱化的結果，甚至會產生麻痺的感覺。當股票跌到已經剩下 10%，而且是確定的結果時，再去抱怨也沒啥意義，反而會覺得沒那麼痛苦。

　　法律領域也常會有這種情況。把自己的命運交給一個不熟悉的第三人「法官」，每天大腦都會假設各種可能的結果，直到最後法院判決確定的那一天，因為多重可能的預期讓大腦反覆不斷模擬的結果，等到終於告一段落，即使判得很重，也沒那麼痛苦了。

《抓不到真正的低點》

讓我們回頭看一下商品指數（簡稱 CRB）[1]，於 2016 年 1 月來到了低點 155 點，相較於 2009 年 2 月的低點 199 還要低，在與 2008 年 7 月的高點 470 點，幾乎是打了三折，算是一個不錯的切入點，有多少人敢切入呢？還是在驚恐之中認賠殺出呢？

積極一點的，可能會在這個時間點切入，但大多數的投資朋友都有「低點出現時還是會有更低點」的迷思，大腦會告訴自己如果現在買進，結果又會再往下跌，就會產生虧損而製造大腦的痛苦，因此潛意識會告訴自己這個選擇並不是最佳選擇，因此該買進的時機卻不買進。

大腦在沒有接受任何專業訓練前，潛意識只會進行「未來下跌情境」的模擬運算，因此我們必須在簡單的大腦中建立新的知識模組，如同電影「駭客任務」中，只要連接上電腦，輸入功夫模組，影片的主角馬上就成為武術高手。

首先，要對於大腦進行下列知識的輸入：

項目	輸入知識的內容
①資源有限	在還沒有往外星球發展之前，地球就那樣一顆，內部資源固定且有限，愈挖掘會愈少。 以未來人口暴增到 100 億人，資源搶奪是可以預期，投資原物料是不錯的選擇。
②相對低價區間買入	絕對低點雖然抓不到，但只要在相對低價區間買入即可。 即便是短期間會發生小幅度的帳面損失，但只要題材來了、時機到了，所投資的標的價格必然會上揚。

大腦有個很大的優點，就是擴充性很大，只要輸入新的知識，再加上一定的練習，就可以讓新知識成為大腦新的模組。

如前所述，當商品指數（CRB）來到了 200 點時，由於不斷地下跌，大腦會要求自己不得買進此一商品，以免招致投資損失。

　　過去的大腦運作到此為止，但是未來會進行多一點的分析程序，例如目前商品指數（CRB）下跌到 200 點時，先判斷未來趨勢是否逐步變好，如前所述，未來世界中，人口暴增、資源減少是確認的事實，所以趨勢看好。

　　其次，判斷是否「價格＜價值」（類似於股票市場中的「股票交易價格＜淨值」），如果符合「價格＜價值」，則開始在此一相對低價區間進行買入，由於不知道何時是低點，採取分批買進的方式，就是所謂的定期定額或定期不定額的模式。這樣一來，即便不是最低點的相對低點，也是很棒的切入點。

　　2018 年，商品指數（CRB）最高反彈逾 210 點，年底又回落至大約 170 點。

註 1　一般所稱的 CRB 指數（Commodity Research Bureau Futures Price Index）是由美國商品研究局彙編的商品期貨價格指數，於 1957 年正式推出，涵蓋了能源、金屬、農產品、畜產品和軟性商品等期貨合約，為國際商品價格波動的重要參考指標。參照 http://www.stockq.org/index/CRB.php。

重大事件發生後的等待期

《災難後的飛蛾撲火》

　　電影「大賣空」將 2008 年這一巨大金融海嘯的成因描述地非常好，人性因為愈來愈貪婪，為了賺更多，就會出現更多的異常產品。但是賺錢衝昏了腦袋，很多稽核機制已經失靈，像是信用評等公司為了爭取業務，居然不敢對大客戶做出正確的評等，即便是不動產貸款業務已經明顯發生問題，還是不願意降低評等，主要目的就是讓投資大眾誤信平等而做出錯誤的投資選擇。

　　除了異常產品愈來愈多、稽核機制無法發生應有的效果外，接著讓我們回想第 83 頁「喜好橫向比較價格的大腦」所提到的神秘買盤，大部分都是受到「價格落差效應」的影響；也就是說通常發生災難的第一天，價格暴跌，也常常會爆大量，大多數並不是什麼神秘買盤，而是散戶看到便宜就買進的行為。

　　通常災難的消息是真是假很好判斷。飛機不會假摔，911 攻擊事件，飛機撞進雙子星大樓不會是假的，這些情況也很難有內線消息。因此，發生低檔爆量的原因在於，人的大腦本質上是會偷懶，所以不喜歡「深入研究本質」，喜歡直接「比較價格」。

　　當 A 股的正常平均價格是 12 元，且波動不大時，突然發生某起事件，股價暴跌為 11 元，人們並不會深究這起事件對於股價未來的影響，像是會不會增加保費，會不會增加管銷成本，人們會

不會不敢搭飛機，思考這些問題太複雜、太費神了；11 元比 12 元還要便宜，所以趁便宜趕緊買個幾張，漲回 12 元就賺了，這就是「價格落差效應」，也就是一般所謂的「接刀」。

讓我們來看一下發生在 2014 年 7 月 23 日 19 時復興航空澎湖空難這起事件。（參照下圖 2-1）

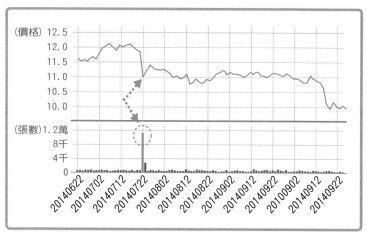

▲ 圖 2-1 2014/6/22-2014/9/22 復興航空價量走勢圖

復興航股票當時的月均量只有 865 張，隔天一開市，一開始是跌停，但大單開始敲進，總計成交了 1.07 萬張，足足是月均量的十餘倍。這一萬張是否是神秘買盤呢？個人認為並不是，而是人性看到相對低價的正常反應，一直到 10 月 22 日，股價已經跌了將近一成，最後也下市並清算完成。

災難事件發生之初，「飛蛾撲火」的例子永遠不會少。

《3 到 6 個月的等待期》

　　人性擅長接刀，由於價格的落差感，使得人們很容易在短期快速發生價差的時候，產生買進的衝動；對於重大事件的發生，跌幅將不是一天兩天就結束，可能要 3 個月或 6 個月才可以判斷出趨勢。

　　為什麼是 3 到 6 個月？

　　此期間稱之為「發酵期」，像是 2016 年民進黨政府上台，最擔心的是兩岸關係，但從馬英九政府上台後，兩岸趨於緩和，不太可能一夕生變，但對岸內心難以忍受民進黨政府的「若即若離」政策，必然會逐漸施壓，從陸客來台旅遊人數逐漸下滑可見一般。

　　此期間也牽涉到一些「系統架構」。例如股票遇到重要利空，像是主要客戶抽單，則具體的獲利數字會反應在季報，在 3 到 6 個月才會有較為具體的結果呈現於季報中，隨之反應於股價中。依據相關法律規定，季報的日子在每一季結束後約 1 個半月，例如的第一季是 1 月至 3 月，季報在 5 月 15 日前必須要提出，屆時才會知道實際影響為何。

　　舉個例子，A 公司為蘋果供應鏈發生重大利空，3 月 15 日傳聞蘋果將改用不同的塑膠機殼，不再使用 A 公司金屬機殼，消息一出 A 公司隔日股價下跌，有許多人搶進股票。到底影響為何？可能要先看第一季季報的財務數字，看看營收、獲利是否有大幅度變化，但可能影響不在第一季，可能在第二季，所以又要等第二季季報，也就是大約 8 月中才會知道結果；屆時如果第二季季報很難看，才會導致股價下跌到一定的低點，所以本書所提出的 3 到 6 個月的等待期，股價才比較有可能沉澱到低點。

　　重大利空的第一天爆大量，通常是單純人性反應；如果無法

分析消息的真假,3 到 6 個月,待季報出爐才會得知實質反應。股票有 1,600 多檔,何必單戀一枝花,在無法判斷消息真假的情況下,真的不必賭一把,忍一下,讓大約 3 到 6 個月時間的經過,真正的事實經過發酵後就會反應在股價,屆時有了低價再買進,不是更好嗎?

國家必然的救市策略

《土耳其匯率崩跌之解析》

● 藏在人類內心最深層的「魔戒」

電影「魔戒」一直演了三集，才終於出現讓人鬆了一口氣的結局，魔戒最終被扔進了充滿灼熱岩漿的深谷中，然後亞拉岡與伊歐玟兩人也結婚了，如同從小看過的童話故事，兩人從此過著幸福快樂的日子。

金色魔戒與人腦互動之際，內外圈還會出現看不懂的古文明文字，暗示著人類無盡的貪婪，即使身心耗盡，還是瘋了似地追求一枚神奇戒指；如劇中的咕嚕，連長相都嚴重變形，頭頂著中央只剩下幾根頭髮的地中海造型，暗喻著世界上充滿為了一個無意義目的而失心瘋的行為。

回到真實的世界中，才發現真實的世界與電影差距不了多少，還真的到處都是失心瘋的代表，「權力」正是人們眼中最難以拋棄，也是最常見的魔戒。回到民國初年才推翻滿清帝國沒多久的時代，民國 4 年，袁世凱自稱皇帝，建立中華帝國，年號洪憲，由於國內反對，袁世凱被迫宣布退位，登基 83 天便失敗收場，隔年 6 月 6 日逝世。回到今日的年代，2018 年 3 月 6 日，中共通過修憲，其中最引人注目的是刪除國家正副主席任期限制，讓現任主席習近平有機會不斷連選連任，雖未稱帝但也算是實質當上了皇帝。

　　政治人物選上了總統、縣市長、立委、縣市議員，嚐到了權力帶來的頤指氣使、特殊便利性，甚至是資訊不平等賺到的超額報酬，就不想脫下這枚戒指。為了持續享受這些魔戒帶來的迷惑，如何讓人民願意在下次選舉中投票給自己，成為最重要的目標；在此大前提之下，很多政策就走偏了，不再是為了長治久安，而是讓人民短暫快樂。

　　讓我們思考一下政府提出的政策是否合理？

　　少繳一點稅，甚至最好不要繳稅，還有免費捷運、老人年金，都是支出而沒有收入，對於政府財政平衡並無幫助；難道政府不靠收稅就能有錢？難道要靠頂端富人的捐贈？只要稍稍有理性思考的能力，都會發現這些政策都不是長久之計。只是最讓人感到害怕的事情是當政客提出這些政策時，還能收到不錯的得票效果。政客要選票，人民喜歡現在就可以享受的短期利益，都是人們心底層的魔戒。

● 別讓人民不高興

　　回想起大約 30 年前，隨著亞洲四小龍的封號、經濟快速增長，當時的股市也持續噴出，1990 年股市甚至達到今天也難以突破的 12,682 點。只是隨著經濟成長有了瓶頸，陸續發生了多次股災，每次股災來臨時人民哀嚎遍野，痛斥政府無能，政治人物很討厭人民不高興的感覺，因為在民主社會國家中，讓人民不爽可能會導致自己下台。

　　非民主國家也好不到哪裡去。讓我們看看對岸在處理 P2P 的網路小額借貸交易，詐騙事件層出不窮，很多平台以高利息誘騙小老百姓投入資金，小老百姓受不了誘惑，傾家蕩產地把退休老本全部投入，等到拿不回錢才發現被騙，至少告個官討回一些公道，沒想到不但沒有替人民辦事，還把這些抗議者當賊一樣的對

待，讓從小接受愛國思想的人民死了心，一位正妹還因此上了吊，更慘的是死後馬上被政府火化燒了[1]。

如果人民反抗力量夠大，類似六四天安門事件的人民反動，仍有機會隨時再次發生。因此經濟變好、人民賺錢，生活過得好，才能讓自己的政權長治久安，民怨累積久了，總是有噴發的一天。

政治人物要怎麼樣維持高經濟成長呢？其中有一樣可以操弄的工具是「利率」。（如下圖 2-2），透過降低利率，迫使人們不想要把錢存到銀行，因為利息太低了，讓資金活水回到市場上進行投資，只是投資市場是個理想，到最後流到了股市與房市，造就了今日股票與不動產等資產價格的快速膨脹。

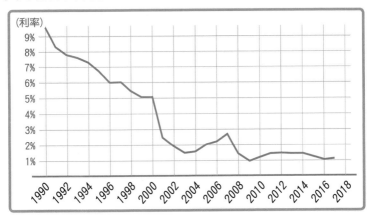

▲ 圖 2-2 1990-2017 一年期銀行存款利率（資料來源：中央銀行）

股市是經濟的櫥窗，從某種層面上來看確實如此。在 1990 年台股來到 12,000 點之際，三商銀的華南銀股價曾有 1,120 元，一銀與彰銀金融股也都歷經過上千元的風華世代[2]。在當時可是個人人炒股、全民運動的時代，萬點股民的生活寫照是「早上買隨賺、收盤吃牛排、天黑上舞廳」的金迷紙醉人生。12,682 點，噴出與崩落，是那一個世代難忘的回憶[3]。

　　當時隨便射飛鏢買股都能賺錢的時代，三商銀可是熱門股，聽到朋友買三商銀漲到上千元，大家都賺得笑呵呵的時代，搞不清楚的菜籃族跑到號子指名要買三商銀，丈二金剛摸不著頭緒的營業員，解釋了半天，菜籃族也搞不懂別人口中的三商銀是省屬彰化、第一與華南三家銀行的簡稱。瘋了似的散戶，哪管那麼多，於是乎許多類似名稱的股票，如三商行、三商店也因為幾乎同名而爆大量，隨著股市來到了萬點，這兩檔股票也雨露均霑漲了不少[4]。

　　時至今日，房地產價格高昂、股市上了萬點，薪資上揚的幅度卻遠遠落後，新聞上常常跳出一堆悲慘事件，描述著年輕人扣除掉蝸居的房租所剩無幾，更遑論拿個3千元來孝敬父母都是件難事。換言之，資產價格上揚並非植基於薪資扎實的成長，反而是低利率造成的支撐效果，大多數的人民並未享受到資產上揚的成果，反而苦吞負面產生的果實，只是這些複雜的因果關係，人們不想知道，只想要今天的生活過得更好。

　　人類腦中怪異的「魔戒思維」，使得世界各國都誤認為過度操縱利益、持續性的創造通膨，是有效拯救經濟的方式[5]，殊不知這種方式只有短期效益。很奇怪的一件事情，民眾很吃這一套，遙遠的未來我不管，只要今天日子爽，手中的選票就是你的；所以姚文智於2018年競選台北市長時提出「捷運月票0元」的政策，卻說不出這筆經費從何而來；桃園市長鄭文燦不管未來設備老舊更換的錢哪裡來，反正機場捷運帳面看起來有賺錢就先降票價，只因為今年要選舉了，連柯文哲都提出北市府要聘用退休公務人員的模糊政策。

　　低利的負面效應，沒關係，經濟看起來好就好。

● 土耳其匯率的崩潰

2018 年 8 月 8 日，土耳其的里拉與美元兌換比率還有 5.27：1，突然之間，8 月 13 日當日貶值最慘來到了 7.08：1，足足貶值了 34%；如果用新台幣來比喻，大約是 1 美元換 30 元新台幣，突然 4 天後，變成 1 美元可以換 40 元新台幣。

話說土耳其在 2016 年 7 月發生了一場政變，最後以失敗收場。事後，土耳其總統 Tayyip Erdogan 採取了大規模的清洗運動，將黨政軍等政府要角，甚至教育、學術界人士，進行扣留、調查，或者是停職開除。其中有一位美國牧師布朗森，也遭指控涉及軍事政變，以叛亂罪名加以羈押，美方交涉多次，土國政府依舊不願意放人。

據報導，美國總統川普更在匯率驟貶之際，於 8 月 10 日宣布加徵土耳其鋼鋁產品的關稅，讓土耳其里拉貶值雪上加霜，或許是不滿牧師布朗森遭羈押所為 [6]。

探究土耳其匯率的崩潰，並不是像是土耳其總統口中的國際陰謀，而是有其根本上的魔戒因素，也就是 6 月 24 日的總統與國會選舉，不讓選民開心就可能選不上，屆時沒了權勢的自己，只能承受遭自己打壓異己的無情撻伐。因此，選舉前我們看到土耳其數據上的一些變化，與讓人難以理解的「魔戒政策」：

①土耳其股市於 2018 年 1 月 29 日來到 121,531 點的高點，一路下滑往 90,000 點崩跌，選舉即將到來，股市崩跌可不是好事，也因此總統揚言在 6 月大選勝出後，會降息來刺激經濟 [7]。

②出口總值方面，2017 年 7 月至 2018 年 6 月間下降 6.6% [8]；但是今 (2018) 年 4 月、6 月出口值屢創佳績，或許與 6 月選舉來臨有關 [9]。

　　即便土耳其於 2016 年發生政變之後，消費者物價指數長期高達 10%以上，外界預期央行應該升息來抑制通膨壓力；然而為了選票，土耳其總統無視通貨膨脹的壓力，卻大聲說要選後降息，加上美國升息舉世關注，這也加速了資金外逃的速度，讓土耳其里拉貶值更形嚴重；川普加徵鋼鋁產品的關稅，頂多只是在懸崖上補你一腳，責任還是在土耳其執政者自己對於「權力魔戒」的依戀。

　　由於匯率貶值嚴重，對於外債不少的土耳其產生難以承受的壓力，選後的 2018 年 7 月 24 日利率根本沒降息，反而爆升來到了 17.75%，同年 9 月 13 日又升到 24%（如下圖 2-3），總統選前所稱的調降利率、刺激經濟呢？在選上之後，面臨國際資金外逃的壓力下，過去提出的不合理政策已經成過眼雲煙的政策。

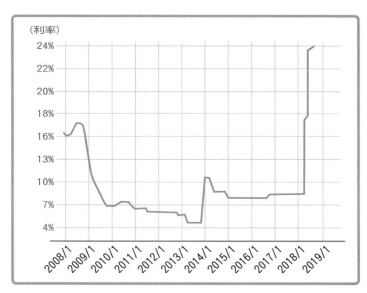

▲ 圖 2-3 2008-2018 年土耳期利率走勢圖

面對資金外逃的匯率壓力，又面對昔日美國盟友的踹一腳，面色無光的總統 Tayyip Erdogan 只好推到國際陰謀論，呼籲民眾團結一致，強調純粹是西方陰謀造成了里拉暴跌，還誇張地呼籲民眾將手裡的歐元、美元和黃金換成里拉，宣稱「我們將會成為這場經濟戰的贏家」[10]。

　　你相信這種蠢話嗎？

　　讓本書來下個簡單的結論：這就是人性。土耳其匯率災變中，身為旁觀者的我們，很容易找出土耳其執政者的矛盾，笑指土耳其的政客把責任都推給別人，而土耳其內部應負的責任明明最大卻又看不見。當批評土耳其的時候，也別忘記看看自己，2018 年年底要選舉了，2 年後 2020 年又是總統大選，一樣的毛病會發生在自己的身上，沒有例外，誇言創造出不斷成長的經濟 GDP、永無止境的各種補助、持續不斷的軌道建設與蚊子館。

　　這些為了一己私利，導致政府財政困境的政客，人民只能看著他們不斷地亂搞，要解決這個問題，唯有出現擁有強大意志力的政治人物，加上眾人能團結一致、眼光放遠，才能逃脫這只「魔戒」的控制。

《看不到 300 壯士精神的希臘國度》

　　讓我們再把時續往前推移，從土耳其往左移動到一樣是歐洲的希臘。當時的時空背景是 2011 年的歐債危機，希臘可以說是當年債務最為嚴重的國家，2010 年 4 月希臘國債被降級至垃圾債券評級，敲起金融市場的警鐘。

　　還記得 2007 年的一部電影「300 壯士：斯巴達的逆襲」，描述著希臘的斯巴達國王列奧尼達一世率領著最精銳的 300 名斯巴達壯士，以生命對抗波斯帝國大軍的入侵，史稱「溫泉關戰役」，

即便敵我懸殊的人數差距，斯巴達戰士依舊勇敢面對自己生命的犧牲，這也鼓舞了所有希臘人，讓他們團結起來對抗波斯大軍的入侵。

時至今日，希臘成為還不出債務的國家，不得不接收歐盟的樽節條件以獲得紓困資金。所謂撙節相關政策，主要是包括大幅削減公職人員薪資及社福支出、實行增加稅收、防止逃漏稅，及財經改革、防止貪污等措施。最早在 2010 年 5 月 3 日歐盟、歐洲央行與國際貨幣基金組織（IMF）三巨頭宣布 1,100 億歐元的第一次紓困方案，附帶條件就是這些嚴苛的規矩。

這一次的金融災難使得希臘股市產生巨幅波動，造成民心浮動、不滿，就如同現在的台灣，公教人員於退休後居然被剝奪了部分退休年金，對於執政當局可是氣得牙癢癢的。談談希臘的公務員，希臘人口 1 千萬人出頭，公務員就占了十分之一，大多享有美好福利生活，還在花天酒地的腐敗中度日，6 個公務員做 2 個人的事情，卻只有 1 個人的實效，只要工作 20 年就可以讓國家支養他們。

擁有這種公務員的希臘，又來到一個不景氣而且自己又欠了一屁股債的時代，不垮才怪。整個國家在歐盟要求實施樽節政策，才在紓困的條件下全都勒緊了褲袋，可是過慣了好日子的希臘人民，早已找不到當年斯巴達戰士的精神，受不了撙節度日的生活。

在此勒緊褲帶、撙節度日的背景中，只要有政黨願意提供舒適穩定的生活，搭配一些慷慨激昂的演說，不管這種政見是否能夠實現，很容易獲得民眾的青睞而贏得政權。2015 年 1 月 25 日，希臘國會大選，激進左派聯盟擊敗保守新民主黨，以逾 36%得票率贏得勝選，這正是一股不滿現實生活力量的反撲，也是主張「反撙節」政策的激進左派聯盟贏得勝選的主因。

只是對於債務問題，新政府上台還是拿不出什麼具體辦法，不接受撙節方案就沒有紓困金，2015 年 7 月 1 日，希臘政府宣布資金管制，規定每人每日只能透過提款機領取 60 歐元；但有許多退休老人並無提款卡，希臘政府又決定開放讓老人透過銀行櫃台領取 120 歐元現金。因為決定過於倉促，銀行現金不足，許多老人撲空，還有老人因為無法領取現金而在門口痛哭。

　　從希臘的經驗可以得知，不管挽救國家經濟的策略是否有效，讓人民感覺到希望，可以獲得比較輕鬆快樂的生活，都沒有關係，即便是欠錢不還、債務持續高築，那也是明天的事情。

《安倍晉三的救市策略》

●40度以上的東京都

　　2018 年夏天，台灣還真是熱，若是少了雲朵的遮蔽，太陽直射下來 35 度算是均溫了。漫長的暑假如果想要出國避暑，除了南半球之外，大概就是往緯度高一點的地方，像是過去日本 8 月的氣溫大約在 23 至 30 度之間，光聽這個數字，馬上就想要搭飛機前往日本避暑。

　　不過人算不如天算，2018 年出現了一堆怪異現象，颱風大多跑到日本鬧脾氣，連氣溫也是極端氣候。埼玉縣熊谷市於 7 月 23 日飆出 41.1 度高溫，打破日本氣象觀測史上紀錄；東京都青梅市同天也出現 40.8 度，是東京都觀測史上首度破 40 度高溫。隔沒 1 個月，北海道於 8 月 17 日提早約 1 個月的首波降雪，這是從 1974 年開始記錄以來最早的一次。

　　極端氣候要怪誰？全世界這麼多頂尖學府、優秀科學家，還有這麼多偉大的政治家，總能解決環境遭破壞所引發的極端氣候議題吧！可是實際上的結果總是令人遺憾，像是美國總統川普於

2017 年 6 月 1 日以自稱為了實踐保護美國人民的嚴肅職責，宣布退出攸關世界環境的《巴黎協定》，舉世大為震驚。

人類社會為了各自的利益，而將我們賴以為生的環境擺在後順位，在人口逐漸上揚至百億的未來，資源爭奪戰將更為驚人；這些頂尖科學常為不太偉大的政客服務，推出來的政策都是短視近利型，人類社會失控的進步，又讓我想起復活節島的最後一棵樹是怎麼倒下的故事。

復活節島本來也是長滿了高大的智利酒椰子，而且還有豐富的海產。這座島嶼經過了 5、6 百年的發展，隨著生活穩定、環境資源優渥，居住人數不斷成長，來到了 1 萬人之譜，開始有了階級制度，並且開始迷上了雕刻石像來榮耀自己的家族。

因為雕刻石像與運送需要大量木材協助，於是開始砍伐木材，一開始滿島的樹林不虞匱乏，隨著需求量愈來愈高，即便他們知道要採取一定的行動保育森林，但需求的成長過快，超過了正常林木生長的速度，呈現了死亡交叉。

終於有一天，正常的林木已消逝殆盡，甚至從島嶼的最高處往下望，環顧四周應該可以發現整個島嶼已經光禿禿了，怎麼大家都沒有任何的警覺心呢？最後，如同諾貝爾經濟學獎得主安格斯・丹頓所提到：那位砍到復活節島最後一棵樹的人，當時腦袋到底在想什麼？

● 日本311天災後的救市策略

日本人很聰明吧！讓我們來看看 311 天災後的救市策略。

日本在遭遇 2011 年 3 月 11 日驚人的地震與海嘯，甚至連核電廠都毀了，整體經濟狀況不佳，股市相當低迷，大約在 8,000 點上下震盪。為了選票與持續穩固政權，掌握國家的政客必然會選擇異常的救市策略，挽救幾乎躺平的經濟局勢。

隔年，也就是 2012 年的 9 月 26 日，自民黨經過黨內的兩輪投票，安倍晉三當選第 25 屆自民黨總裁，成為首位回任的自民黨總裁。同年 12 月 16 日，在眾議院選舉大勝奪回執政權，確定再次出任日本內閣總理大臣。（參見下圖 2-4）

▲ 圖 2-4 日本股市與相關重要事件關係圖

　　2014 年 4 月 21 日，安倍晉三回任首相後執政時間破 482 天，這一天有重大意義，因為過去的多任首相任期都超短，也讓政局長期不穩；直到安倍晉三的出現，終於超越野田佳彥，成為自 2006 年 9 月小泉純一郎卸任以來在位最久的首相。回到上圖，安倍晉三上任後，隔年 7 月參議院改選，2014 年底又是眾議院改選，如果不推出一些激勵市場的有效政策，安倍晉三可能會像是過去的短命首相一樣，快速且難堪的下台。

　　第二次上台的安倍晉三可是有經驗多了，對於特殊的時局深知要有特殊的政策才能得到民心，於是自 2012 年 12 月上任後，立即推行大膽的財政改革政策，人稱其經濟政策為「安倍經濟學」、「安倍三支箭」，其中的一支箭就是大量印鈔的貨幣寬鬆政策，使得日本匯率從兌換美元 75 至 125 的激烈操作。

大量印鈔灌入金融體系中，可以讓市場快速活絡起來，非常有效且引人注目；但是資金氾濫也未必就有合適的投資標的，很容易就跑到股市與房市，因為日本人排斥買房，所以流向股市，使得股市一飛衝天，從 8,000 點一路上揚，最高突破到 24,000 點之上。

此外，<u>匯率狂貶對於出口產業也是一項利多</u>，這句話怎麼說呢？舉例來說，當 1 美元兌換 75 日圓時，一台 Toyota 汽車在美國銷售價格為 1 萬美元，賺來的錢匯回日本，變成 75 萬日圓；但是當 1 美元兌換日幣變成 125 日圓時，賺來的錢馬上就變成 125 萬日圓。Toyota 公司什麼都沒有做，只因為匯率的貶值就讓企業獲利暴增了 67%。這也難怪台積電前董事長張忠謀與中央銀行前總裁彭淮南常常在年底鬥嘴，張忠謀希望新台幣匯率貶值，但彭淮南婉拒此項建議。

只是政府採取這些救市策略，並不會說清楚這些政策的負面效應。印了一堆鈔票，對於擁有資產的有錢人比較有利，原因很簡單，因為貨幣貶值會使得資產價格上揚，股票、不動產價格容易上漲，不必做什麼，帳面資產價值就增值了不少。

名下沒什麼資產的窮人，頂多有台摩托車，還必須折舊，無法順著資金泡沫而提高自己的身價。但是印鈔票也會讓許多成本上升，唯一可以控制成本的就是人力，所以當萬物飛漲就是薪水不漲，可憐的勞工必須面對不變甚至更低的薪水，而租金上漲、外食上漲，如果不乖乖聽話，企業就恐嚇勞工要用機器人取代，勞動階層的窮人只能成為被待宰的羔羊。

讓本書來做一個小小的結論，國家的行為不難預測，掌握政權者一樣脫不了人性的糾結。不要相信表面之詞，把國家當作一般人看待，而且是一位貪婪的人，沒有什麼遠見，維繫自己的利

益為最主要的目標。在此前提之下，執政者為了鞏固自身的權力，當然會在災難來臨之際採行各種可能的救市行為。

　　窮人雖然沒有資產，但是至少可以正確預測有錢人的行為。今日我們科技進步，生活品質早已不是百年前所能比擬，但是復活節島最後一顆樹被砍下的故事依舊不變，今日的我們如果不是因為搶資源、發生戰爭而死亡，就是用盡了資源而等待死亡。

註 1　遭 P2P 詐騙蘇州正妹上吊自殺，https://disp.cc/b/163-a00r
註 2　昔……金融股股性不活潑乏人問津，聯合新聞網。
註 3　30 年前萬點……4、5 年級超有感這款人生 94 爽！http://www.chinatimenews/20170513002356-260410
註 4　上市櫃公司怪名一籮筐，中國時報。
註 5　恩瓊・荷達，《泡沫沉思錄》，第 15 頁。
註 6　再施壓土耳其，川普宣布對土國鋼鋁關稅提高一倍，https://udn.com/news/story/12108/3302661。
註 7　土耳其經濟陷悶燒危機，http://www.chinatimenews/20180516004929-260410。
註 8　土耳其今年 6 月出口貿易量增長，http://tkturkey.com/ 土耳其今年 6 月出口貿易量增長（07-07）。
註 9　土耳其 4 月出口較上年同期增加 7.84%，https://www.roc-taiwan.org/tr/post/3164.html。
註 10　土耳其陷經濟風暴若里拉跌勢不止，歐洲與其他新興市場先遭殃，https://news.cnyes.com/news/id/4181496。

梭哈操作嗎？

《人為操控的痕跡》

一檔股票如果資本額小，很容易被人為操控，所以常常聽到「騙線」的概念，明明主力想要上漲，卻故意製造一個小黑K，讓散戶停損出場，很多人常常抱怨每次賣出就上漲，有可能是碰到「騙線」，這一種小黑K比較有效，有時候跌深了，人性上反而不會想要停損；反之，讓散戶相信會不斷上漲，才有可能在高檔倒貨給散戶。以上人為操控的情況，在小股本或者是交易量很低的股票，要特別小心。

在股票的領域中，人為操控屢見不鮮，例如前安泰投信副總謝青良6年前利用為政府勞退、勞保基金代操盤投資之便，炒作自己利用人頭帳戶預先購買的盈正公司股票，並在高點退場，致使政府基金慘賠約2億元[1]。還有一些類型，像是炒作股價、內線交易也算是人為操縱，這些行為也不是看不出一些痕跡，如果想要知道某一檔股票的「背後靈」是誰，可以怎麼觀察呢？

「壞股票」通常可以觀察「融資使用率」的變化量，因為融資使用率過高，可能是有炒股集團在吃籌碼，控制外部流通籌碼的數量，讓自己能夠更容易在有限的籌碼中操作股價；如果搭配上當沖率的效果更好，因為當沖率高的股票，通常是所謂的熱門股，而股票之所以熱門，往往是有人在臉書社團、群組等社群管道散

布消息。而炒股集團要炒作股票一定要先吃籌碼、鎖籌碼；籌碼吃完、鎖完，就要創造交易熱度，釋放消息吸引散戶入甕，最後在高檔逐步地倒貨給散戶。這一個過程中，「融資使用率」、「當沖率」是可以參考的指標。

《災難投資法的標的不容易被操控》

單一股票會被炒的一個主要原因是股本小，籌碼少就容易被炒作，所以我研究「壞股票」多年，發現不管自己怎麼厲害，也很難追得上壞人炒股技巧的進步；然而，國家地區、原物料或匯率等標的為主，就比較難以透過單一力量的操控，對於贏不過集團炒股的小散戶，就非常適合災難投資法。

舉油價為例，沙烏地阿拉伯說要減產以抬高油價，結果俄羅斯馬上說要增產，一消一漲，油價沒有波動；又譬如美國總統川普說要制裁伊朗，不讓其石油出口，由於伊朗產量不小，其他國家就算增產也無法彌補此一缺口，油價總該漲了吧！正當川普偷偷狂笑之際，卻忘記了自己正與中國大陸進行貿易戰，烽火連天的美中關係澆熄了大家對於未來經濟的預期，油價被澆了一桶極大的冷水，一來一往間，油價只剩下小幅度震盪。

風險／標的	股票	國家地區、原物料或匯率等標的
是否有人為操弄的風險？	是	否
有無下市風險？	有	有，例如國家破產，但較為少見

換言之，以國家地區、原物料或匯率等為投資標的，比較不會被人為操弄，而且也不會有股票下市的風險。不過，大家不要誤會，災難投資法的概念還是可以套用到股票上，只是本書認為股票的風險與資訊不透明，所以還是建議以國家地區、原物料或匯率等標的為主。

《用技術線圖來看人性反應》

技術分析，相較於籌碼分析與價值分析而言，一般人通常認為比較好學，花了上萬元的課程，去市場上學習幾條線甩來甩去該如何操作的招數，像是碰到月線會反彈、來到季線有支撐、上有壓力、跳空缺口、W底突破頸線，一大堆的術語，可是大家記完這些口訣，有沒有想過原因是什麼？正所謂「知其然不知其所以然」，如果只背這些口訣，卻不探究口訣的真意，容易導致運用錯誤而慘賠。

我比較喜歡用「形態學」的角度來看技術分析。怎麼說呢？例如小偷總是會鬼鬼祟祟的，會在晚上出沒，也可能會戴口罩來避免監視器拍到臉；車手在提款機領款的時候，會找一些偏遠人少的提款機，也可能頭戴安全帽，還有一次拿許多提款卡領錢，所以有些技術線型的外觀就可以看出發生什麼事情。

例如國巨（2327）的月線圖（如右圖 2-5），可以發現 2017 年下半年，開始出現愈來愈短的時間，漲幅卻愈來愈大的泡沫現象，最後高檔來到 1310 元反轉快速下跌，符合泡沫的長相。

所謂泡沫的長相，簡單來說就是漲過頭了，由於人性喜歡追高，當大量投資者搶進時就會出現價格遠遠超過其價值，如同一罐可樂，用力搖個幾下，再小心翼翼地倒入杯子中，上面有許多泡沫，等一段時間沉澱之後，真正的飲料只有半杯不到。因此泡沫破掉了是回到原點嗎？對於毫無本質的股票來說，大多數是回到原點，但對於有本質而漲過頭的股票，不一定是回到起漲點，而是現在應該有的價值。

從這些例子與說明，用「形態學」來看技術分析，也就是投資標的之長相，搭配當時的時空背景來說故事，不太喜歡去記憶

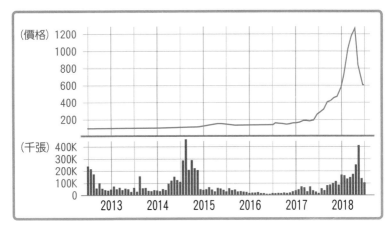

▲ 圖 2-5 2012/7-2018/7 國巨 (2327) 價量走勢圖

一些技術分析的口訣。大部分的朋友並不想要動腦知道為什麼，因為思考這件事情實在太累了，所以就很容易誤解技術分析的意義，去背一些口訣而不知其所以然。更嚴重的一件事情，很多人誤以為技術分析可以百分之百套用在每一種情況，此種技術分析的誤判，很可能投資成功九次，卻在一次全賠光。

《災難投資法也要看技術線圖》

試想看看如果以國家為標的，搭配一個規模夠大、可信賴度高的基金，較難發生人為刻意操控，而容易表現出大眾集體心理變化。此時，可以搭配實際事件發生的情況，參考技術線圖的漲跌外觀來觀察相關人性的反應，並進行可預期的投資而獲利。

如俄羅斯在 2014 年 12 月因恐慌而跌到接近 600 的低點時，因為一些政策而開始反彈，隔 (2015) 年 5 月來到大約 1,100 點，但隨即又再次下跌，於 2016 年 2 月再次來到了低點，然後又進行第二次的反彈，而上漲幅度則高於第一次。（如次頁圖 2-6）

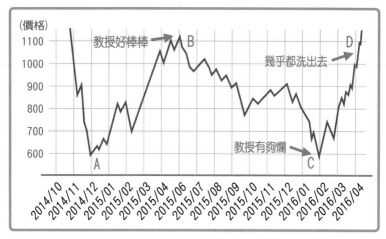

（價格）

教授好棒棒 ➔ B

幾乎都洗出去

教授有夠爛 ➔ C

2014/10 2014/11 2014/12 2015/01 2015/02 2015/03 2015/04 2015/06 2015/07 2015/08 2015/09 2015/10 2015/11 2015/12 2016/01 2016/02 2016/03 2016/04

▲ 圖 2-6 2014/10-2016/4 俄羅斯股市走勢圖

在災難投資的經驗中，常會於反彈後出現再次下跌之情況，此一情況的心理分析，主要在於跌到底部再反彈，通常投資標的本質還很孱弱，加上買在底部 A 點者通常只是想要短線搶個反彈，搶完就跑，所以很容易反彈到了 B 點再跌一次。

另外，再一次的起漲段 C 點到 D 點，則是因為許多之前的投資人沒有買在 A 點，會期待再發生一次 A 點到 B 點的漲幅，錯失第一次或曾經在一次漲幅嚐到甜頭者蜂擁而至，很有可能出現愈短期間漲更高的瘋狂現象，也就是說時間與漲幅 CD 段 >AB 段。

災難投資法是一種漫長的心理修練，就算對於技術線型很熟悉，也很難買在最低點，因此必須經過一段不算太短的低點煎熬，人性不喜歡買在低點。

回到上圖，上漲的過程：在 2014 年 12 月（A 點）至 2015 年 6 月（B 點）時，會發現有一堆朋友向你靠攏，高喊教授好棒、好棒棒；但當再次下跌，也就是 2015 年 6 月（B 點）至 2016 年 2 月（C 點）的時候，朋友都離你遠去，有些還會當面罵你、背後笑你，

教授也不過就這點料。

　　2016 年 2 月，大多數的投資人都被洗出場，2016 年 9 月又再次回到 1,000 點（D 點）；緊接著 2017 年 1 月 28 日川普當選後與普丁首次通電話，投資人眼看俄羅斯因為入侵烏克蘭而遭到美國制裁之事，可能在這次洽談中開啓轉圜的契機，使得俄羅斯股市於 1 月 27 日（五）大漲 2.75%，31.99 點，雖然一次電話就解決是不可能的事情，但當時也帶來無限的想像。

《不要試圖去抓「絕對」低點》

　　無論如何，第一次的低點未必一定會是低點，個人幾次的災難投資法操作，跌低後的反彈通常彈到一定程度又會下跌；但都是過去經驗的累積，對於未來的投資標的，我也不敢確定第一次的低點是否真的是低點，反彈之後是否會再下跌。

　　怎麼辦呢？很簡單，不要試圖去抓絕對低點，也不要在某個點位就把資金全部投入；若是擔心買在反彈後的相對高點，建議分批投入資金，遇到第一次低點時，用四分之一的資金單筆投資，不要全部梭哈，接著搭配定期不定額的方式分批買入，等待真正的回漲，只是這個等待通常會超過 1 年。

　　這種漫長的煎熬，往往容易被洗出去，但如果忍得住，透過定期定額、定期不定額等有效的紀律性操作，讓系統自動扣款買進，可以有效地避免人性的干擾，逐漸累積買進到一定的單位數，最後才能放大戰果；如果看到相對低點就一次梭哈，導致沒有資金在更低點持續買進，就無法在最後以相對低的成本賣出獲得較高的報酬。

　　回頭檢視過去的投資歷程，每次都會幻想如果人生能夠再來一次，低點買多一點、晚點賣，不是賺更多嗎？不要亂做夢了，

現實生活沒有時光機，就算有，活著的時候也看不到。能做的只有一件事情，回頭檢視過去的投資歷程「紀錄」，發現自己人性常犯的錯誤，下一次災難來臨時，能夠避免再次犯了人性錯誤，不要無盡的懊悔，懊悔是無法讓自己賺錢的。

註 1 前安泰投信副總謝青良 6 年前利用為政府勞退、勞保基金代操盤投資之便，炒作自己人頭帳戶預先購買的盈正公司股票，並在高點退場，致使政府基金慘賠約 2 億元，一審依背信罪判謝男 3 年徒刑，全案上訴後，高等法院認為謝男有悔意，今酌減改判 2 年徒刑定讞。http://www.appledaily.com.tw/realtimenews/article/new/20160315/816241/。

避免頻繁交易

《貼著屁股會以為是胸部》

時間會令我們慢慢成長，今天再大的事，到了明天就是小事；今年再大的事，到了明年就是故事。記得踏入職場的第一天，每天都被上司罵，績效達不到，月底煩惱得不得了，經過了1、2年的磨練，任何工作都可以輕鬆上手，回頭看當時被釘得滿頭包的日子，一些零碎的小事根本不算什麼；初戀以失戀收場，連小手都沒牽到，只剩下淒美的故事，回想起當年騎著機車走山路，失戀的我已經忘記了危險，但是到了今天回頭看看，只是一段有趣與難忘的歷程。

投資也一樣，每天盯著盤，很容易受到小波動的牽引，波動會被過度放大，讓自己短時間頻繁操作而做出錯誤的決策。在許多場合中，筆者常常以貼著太近會以為是胸部，但如果拉遠距離一看，才發現頭塞進了別人的屁股來形容；因此對於長期投資者而言，要少看日線，而以週線、月線為主。

舉一檔股票宏達電（2498）為例（如右頁圖 2-7）：

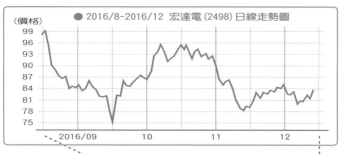

　　日線：看起來有跌有漲、波動劇烈，心臟不夠大時，看起還會很有壓迫感。

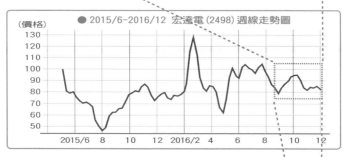

　　週線：上面日線圖的範圍只有在週線圖的一小部分（紅色框），日線圖的漲跌在週線圖中顯得比較不重要。

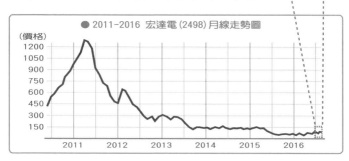

　　月線：剛剛週線在月線看來，根本沒什麼波動，更不必說日線了。

▲ 圖 2-7 日線、週線、月線走勢圖比較

在台北市信義區看著 101 大樓，高聳雲霄，還有雲朵在頂端流動，非常美麗；假設搭乘太空梭飛到外太空一看，連台灣都不一定看得到，更遑論能看得到 101 高樓。換言之，如果認為投資是終身的職志，就不應該把眼光看得太近，只追求短期的報酬，這樣子的心態與短視近利的政客有什麼不同呢？

《過度交易有害財富成長》

回頭看一紙歷史，一下子春秋戰國，又是秦朝統一，秦始皇往生後，秦二世政局混亂，淫蕩昏庸，致使地方群雄起義，項羽劉邦爭奪大位，最後是劉邦攻入咸陽，項羽江邊自刎而死。漢朝一統中國多年，歷經兩百餘年，國政衰敗又來到了分裂之勢，魏、蜀、吳大家耳熟能詳的三國演義時代於焉而起。總之，分分合合、合合分分，一開始是天縱英明的君主，百年之後，久了就是荒淫無用的衰敗王國。

即便是今日國際金融社會也是一樣，一下子關稅壁壘分明，一下子又互相組成各種地區性的國際組織，像是東南亞國協、北大西洋公約，簽訂各種自由貿易協定 (Free Trade Agreement, FTA)，大開彼此的貿易之門，加入者就可以讓貨物以極低的關稅甚至於是零關稅自由流通。

只是時間久了，有人賺得多，有人賺得少，如同合夥一樣，分錢不均自然起了爭執，現在美中貿易之戰正是分久必合，合久自然要分了，以戰逼和，賺多的一方不吐一些利潤出來，賺少的一方絕不善罷甘休。

　　看長一點才可以知道趨勢所在，不要每天都盯著盤勢看，會看不到長期趨勢，而會被短暫的波動所牽引。布萊德 · 鮑伯與泰倫斯 · 歐狄恩教授在其「交易有害於你的財富」(Trading is hazardous to your wealth) 乙文中提到：過度自信是造成交易次數過多的原因，在交易頻繁的狀況下，投資表現也會變差。換言之，每個人都以為自己是高手，在臉書社團貼出自己賺錢的對帳單，覺得自己的明牌最準，到處炫耀自己買的股票，告訴大家今天買馬上就能賺大錢，互看不爽、吵來吵去；殊不知這樣子的頻繁交易，從學術的統計數據來看，誰的交易次數愈多，誰的傷害愈大 (Those who trade the most are hurt the most)[1]。

　　該論文分析 66,465 個折扣經紀商之客戶[2]，數據從 1991 年 1 月至 1996 年 12 月，發現獲利情況相當差，每年大約比加權市場指數低了 1.1%，比具有較高風險的小型價值型股票表現還要差 3.7%，原因可能與高交易成本有關係。最戲劇性的部分在於交易最為頻繁的 20%，這些客戶每年超過兩次改變投資組合，稅前收益是不顯著的，淨收益比股票市場每年還要少 5.5%；比具有較高風險的小型價值型股票表現還要差 10.3%。

　　總之，交易有害於財富。

《頻繁交易的原因》

接著來討論一下，為何交易者交易如此頻繁？

前述研究中納入投資者過度自信的行為金融模型，提出的預測顯示：積極的投資策略表現不會優於被動投資策略。被動策略中，可採行簡單買入並持有多樣化的投資組合。過度自信者會過度高估他們的私人訊息，導致過於主動性交易，結果只能賺到低於平均的收益。

一樣的結論，交易愈多者，傷害愈多。此外，從研究內容中也可以得知 ETF 的一籃子投資，只要長時間、固定投入一定資金，投資報酬可以勝過主動式選股型的投資。這一篇學術文章的重點，我們可以簡化為這樣子的流程：

> 過度自信→交易頻繁→績效不佳

接著我們再來討論過度自信是哪裡來的呢？

很多網路上的朋友總會預測明天個股或大盤的走勢，準的時候沾沾自喜，一直講：「我早就告訴各位了，如果大家聽我的話，早就賺了一大筆……」如果遇到不準的時候，則會受到各方酸言酸語的攻擊，批評他亂講話，應該要注意 XX、OO 等因素，連這些都沒有注意到，還自以為自己很厲害。

被批評者會反省自己嗎？

恐怕並不會。被批評者會將自己不準的原因，推給 XX、OO 等因素，並不是自己不準，而是因為這些 XX、OO 等因素的出現才會導致自己不準。也因為自以為是神，所以近年來流行「當沖」，許多投資朋友認為只要抓住幾個關鍵點，就很容易在當沖交易中獲

利；我不認同這種操作方式，不但過於頻繁，且根本是塞進屁股以為是胸部，很難看到大的趨勢，自然很容易被雙巴，也就是說做多結果慘跌，做空又被軋空。

至於不認錯的心理現象，心理學家蘭格（Eleen Langer）所發表的文章「正面是我贏，背面是我衰」（Heads I win, tails it's chance.）中提出了驗證，實驗中請受測者投擲硬幣並預測哪一面向上，研究人員刻意操控了實驗的結果，讓有些人很快就猜到，而有些人一開始都猜錯到最後才猜對，每一種情況中正反次數相同，本實驗控制的是正反面的順序排列。

研究結果發現，一開始不斷猜對的受測者會認為是自己很會猜，並不認為是運氣；當詢問這些受測者猜對幾次的時候，他們高估了自己猜對的次數。

實驗結果認為：即使明知道一切是機率，人們還是認為自己能影響不受控制的事情；當事情的發展能證明自己正確的時候，就會歸功於自己出眾的能力；但是如果發現自己是錯的時候，那就是一些無法控制的客觀環境因素所導致的結果[3]。

很多人以為自己是經過龐大資料分析後所做出來的投資決策，賺了就是自己的厲害，卻忘記還是存在有一定的運氣因子存在，畢竟投資市場是多變化的，目前還沒有人能看到完全掌握住市場走向的高手。換言之，無論如何，尊重市場的走向是投資的基本精神，別讓短暫的成功讓自己產生了過度的自信。

總之，避免過於貼近盤面、不要頻繁交易。

註1 Trading Is Hazardous to Your Wealth: The Common Stock Investment Performance of Individual Investors，http://faculty.haas.berkeley.edu/odean/papers% 20current% 20versions/individual_investor_performance_final.pdf.
註2 折扣經紀商是指以最低佣金標準來為投資者執行股票證券的買賣服務的證券經紀公司，多數不提供研究諮詢等其他服務。
註3 蓋瑞・貝斯基等，《誰說有錢人一定會理財》。

操作篇

尋找目標

《監控指數:培養找目標的能力》

　　許多朋友投資的方法不外乎加入群組、臉書,看看別人推薦的標的,所以很多熱門的基金都是一堆人擁有,像是南非幣固定配息的基金,也有很多股票是一時性的熱門,例如 2017 年 8 月前後熱門有「光」字的股票,2018 年 8 月前後又換成被動元件,像是國巨 (2327) 股價快速來到 1,310 元。只是熱門的股票與基金未必表現得好,因為可能是某一種題材、某一段期間的過度炒作,伴隨而來的通常是買在高點、賣在低點。

　　跟在別人屁股後選標的,通常都沒什麼好下場,所以要建立自己選擇標的之能力。

　　首先,平時有一個基本工夫要練,就是監看各種指數,包括匯率、各國股市、金價、油價、原物料指數、航運指數等。另外,定期公布的重要經濟指標,像是通膨率、利率、失業率、GDP、經理人採購指數等也都很重要。

　　其中,券商提供的手機 APP 是可以提供簡便的觀察工具,可利用此一工具監看主要國家匯率、主要股市、金價、油價,每天頂多看個一次兩次就夠了,主要是看有沒有異常現象,例如挑選當天漲幅或跌幅「最高」的國家,或者是挑選漲幅或跌幅「超過一定比例」。像是匯率如果單日漲跌幅超過 1% 就算是劇烈了,可

是股市指數 1% 算是稀鬆平常的事情，可能要達到 3% 才需要檢視一下。

許多投資者習慣使用手機 APP 的小軟體，然而這些 APP 通常只能看到主要國家的股市、匯市，個人建議可以瀏覽一些較為專業的網站，可以得到更廣泛完整的資料：大多數國家、商品指數等，如 TradingEconomics 網站（http://www.tradingeconomics.com）蠻方便，還可以排序，更可以查看各國細部數據，讓自己可以對於全世界有更完整的觀察。

例如連上 TradingEconomics 網站，從首頁往下拉，可以看到許多國家的各種指數，像是 GDP、Interest rate、Inflation rate、Jobless rate、Gov Budget 等，預設的國家數量不多，可以切換到 world，就可以看到全部國家的經濟狀況。

這一個網站的好處是會用顏色讓你很快地知道哪一個數據是有問題，例如下表中委內瑞拉（Venezuela）的通膨高達 13379%，出現了鮮紅的顏色。對於比較沒時間看國際新聞的讀者，追蹤顏色也是一種方法。比較深的顏色代表有異常，可看看是哪一個國家，如果是什麼委內瑞拉、敘利亞，看久了就知道這些國家的各種經濟指數都很糟糕，長期都是顯示深色；不過如果是澳洲、巴西、美國等突然出現深色現象，就要去查一下異常的原因。所以，其實未必要先看細部數據、新聞報導，先看顏色也是一種快速掌握各國局勢的做法。（如下表）

國家	GDP	GDP YoY	GDP QoQ	Interest rate	Inflation rate
美國	18624	2.90%	2.30%	1.75%	2.40%
巴西	1796	2.10%	0.10%	6.50%	2.68%
加拿大	1530	2.90%	0.40%	1.25%	2.30%
墨西哥	1047	1.20%	1.10%	7.50%	4.55%
阿根廷	546	3.90%	1.00%	40.00%	25.60%
委內瑞拉	344	-13.20%	6.80%	21.70%	13379.00%

《一開始的觀察範圍要廣泛》

● 剔除體質孱弱的標的

很多投資者只看台股，頂多加上美元走勢，其他的就不看了，或就算是有看，也是 1 年看個兩三次，並沒有養成隨手檢視國際數據的好習慣。這樣子會無法掌握大趨勢，畢竟國際局勢是互相牽動，也許某一個國家的小波動，有可能產生蝴蝶效應，逐漸擴散到全世界。

本章節期待各位讀者能將觀察的範圍擴增，從台灣出發逐步擴增觀察國家數量的過程中，並不是每一個國家都要設定為投資標的，有些國家情況很惡劣，並不宜設定為長期觀察的投資標的。像是辛巴威通貨膨脹嚴重，該國甚至發行 100 兆面值的鈔票（One hundred trillion dollars）；還有委內瑞拉、阿根廷也是通膨過高，匯率貶值嚴重，這些國家都不應該列為投資考量。

詢問度很高的南非呢？雖然南非是排名第 33 大經濟體，是非洲經濟實力、科技發展最強的國家，更擁有豐富的礦產，然而我並未將南非幣列為投資的標的，下面稍微聊一下原因：

早年白人統治的時代，於 1948 至 1994 年間實施了「種族隔離政策」，開始驅離非白人的人種離開家園，剝奪公民權利、禁止跨種族婚姻，醫療教育等服務都有階級上的差異，當然非白人的服務一定是比較差。此一制度實施之後，1950 年就發生一系列的抗爭事件，加上國際關注與制裁，但也是一直到 1991 年才完全廢除種族隔離政策，1994 年由曼德拉帶領的非洲人國民大會勝出，成為一個接受多種族並存的「彩虹之國」。

只是隨後的發展仍然波折不斷，號稱「世界上最富抗議力的國家」，政治局勢也是詭譎多變，在新聞上時常看到一些南非內部

的抗爭新聞，人性是容易被挑動的，所以也會造成政局的嚴重不穩定。試想看看，如果台灣每週都上演個一到兩次的「紅衫軍」、「太陽花革命」等事件，過於頻繁會讓整個社會對立，並不是一件好事情。

南非股市從 2008 年最低跌破 20,000 點的位階，2018 年翻揚到歷史高點 61,776 點，看似驚人的股市成長，我卻覺得非常堪憂；因為從接近 30% 的高失業率、搭配上匯率貶值幅度劇烈的角度來看，股市成長的動能並非源自於實質的經濟成長，而是貨幣貶值使得資產翻倍的結果，持續惡化下去，外債可能也會發生膨脹的現象，與其他類似窘狀的國家發生連環爆，像是阿根廷、土耳其、巴基斯坦、印尼等，出現國際性的金融風暴。

南非雖然整體表現差強人意，如果以 0 到 10 分來分類，大概只會給個 5 分；雖不屬於後段班的表現，只是投資標的很多，這種高度落差伴隨著高風險，或許也有高利潤，但為了晚上能夠睡好覺，還是觀察就好，不要列為投資的標的。（參照下表）

南非各項指標	現況	評分
◎股市指數離預期低點之距離 預期：35,000 點	55,000 點	4 分
◎匯市 標準：兌換美元 10	15	3 分
◎利率 標準：6%	6.5%	7 分
◎通膨率 標準：5%	5.1%	8 分
◎失業率 標準：20%	27.2%	3 分
◎熟悉度 主要來自於投資業者提供的資訊	中	5 分
總平均		5 分

大家可以參照此一表格，自己設定一些觀察指標，依據各項指標評分，加上一些權重計算總分，長期未達一定標準者就不列為觀察指標。此一表格並不是經濟表現好，分數就高，而是「可投資價值」高，分數才會高；簡單舉個例子，南非股市指數若是55,000 點，算是歷史上的相對高檔，應該給 9 分嗎？然而股市太高並不具備「可投資價值」，如果從「可投資價值」角度來看，只能給 1 分。

南非長期失業率偏高，對於整個政經社會的穩定度是一顆未爆彈，總平均 5 分，並未列入觀察指標。然而，也不是完全剷除投資南非的可能性，隨著南非各項指標的改變，譬如南非股市跌到只剩下 10,000 點，或者是貨幣貶值過於嚴重、利率短期爆高，經詳細評估後應該只是短期現象，可投資價值的分數就攀升。就可以針對貨幣部分進行投資，或者是購買配息性產品，只是愈高風險的區域投資比重不能過高。

● **找尋異常點**

剷除掉這些高風險，長期處於風雨飄搖的國家外，在有限的國家、區域、原物料、與匯率的指數中，建立每天看數據的習慣；時間不需要太久，也不需要每一則新聞都看，只要找尋異常點。

什麼是異常點？異常點並不是買進切入點，而是觀察標的中的某一項數據突然大幅度升降，必須找出原因：有可能是債務無法償還，有可能引發金融風暴的前兆，也有可能是總統被刺殺的短期事件，也有可能是美國與伊朗發生戰爭使得油價上揚。讓我們來看一下我國人口出生數的統計圖，看看是否可以看出異常點。

右圖 3-1 中，除了發現出生人口呈現一個類似梯田般的下滑外，還會發現 1986 年、1998 年、2010 年（如圖 3-1 箭頭處），

出生人口都突然減少，然後隔了兩年又反彈上去，這一個現象算是異常點，原因是什麼？我詢問過許多朋友，大概 10% 的朋友很快就能想到關聯性，首先這 3 年都相差 12 年，接著會聯想到生肖，用很疑惑的語氣回答「是不是與生肖有關？」沒錯，這 3 年都是虎年，國人喜歡龍年生子，不喜歡虎年生子。

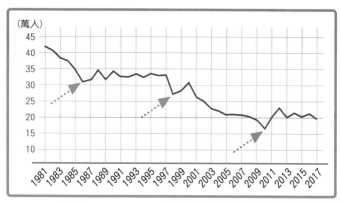

▲ 圖 3-1 1981-2017 年 台灣歷年出生人口數

找到了原因就可以進行推估，2022 年也是小老虎年，出生人口也應該會大幅度降低，如下表，參酌 1986 年、1998 年、2010 年的數據，推估 2022 年的出生人口約計 15 萬人。

年度	小老虎年出生人口數	前 11 年平均出生人口數
1986 年	309,230 人	395,483 人
1998 年	271,450 人	325,474 人
2010 年	166,886 人	273,360 人
2022 年	預估 149,385 人	預估 201,289 人

接著還可以與其他數據交錯運算，例如可以加上死亡人口數，從下圖 3-2 中可以發現死亡人口數較為穩定向上，出生人口數也是逐步減少，兩者即將進入死亡交叉點，也就是說死亡人口數超過出生人口數，則我國整體人口數將準備進入反轉階段。

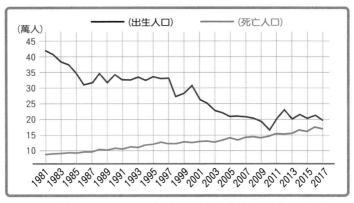

▲ 圖 3-2 1981-2017 年 台灣歷年出生與死亡人口對照圖

因為除了自然增加（出生人口數減去死亡人口數）之外，還有社會增加（遷入人口數減去遷出人口數），不過因為社會增加的影響逐漸變小，本書在此暫且不討論，至少可以預知的是最晚到 2022 年小老虎年，由於出生人口暴減到預估的 15 萬人，就會出現人口反轉減少的現象。

● **異常點的標準**

災難投資法的基本工夫，就是平常要多觀察各項數據，在世界各國一堆的數據中，不需要找到太深入難懂的指標，以下提出幾個簡單觀察點（如次頁表）：

編號	觀察項目	內容說明
1	近期股市漲幅、跌幅最高的兩個國家	譬如說越南股市一直漲，是否越南已經不是過去印象中打越戰的蠻荒國家，而已經成為外資湧入的高度發展國家呢？ 接著必須要補強有關於越南的一些金融情勢報導，看看越南發展的主要項目是什麼，在整體世界經濟體中，扮演了什麼關鍵性的角色。
2	股市指數的漲跌幅度超過 3%	一般來說股市指數漲跌幅1%、2%都是非常常見，單日如果漲跌幅高達 3%，比較少見，可以探求其原因，有可能發生嚴重的債務危機、天災、軍事政變等事項，必須找出原因，因為這種波動可能在未來會發生更大的漲跌幅。
3	匯率之漲跌幅度超過 1%	2016 年 6 月 23 日，英國舉辦脫歐公投，以 51.89%的比例決定脫歐，自此匯率從 1.45 元兌 1 美元，同年 10 月 7 日最低跌到 1.19 元兌 1 美元。 2018 年間，土耳其、越南、印尼、委內瑞拉、阿根廷、南非等國家，因美國升息，美元指數高漲，導致這些國家匯率貶值情況嚴重。
4	利率陡升或極低利率	土耳其於 2018 年 8 月，土耳其也將利率從 8％大幅升到 17.75％，隔月又調升到 24％，密集且大幅度地調升利率，則要找出央行在擔心什麼？目前看起來是為了資金外逃導致的匯率貶值，又連環引發外債的膨脹，即便是高利率也有負面影響，但解決外債膨脹的困境應該是優先的議題。

　　以上四點是平常主要的觀察事項，不必花太多時間，因為常看的話，愈看愈熟悉，速度愈來愈快，只要稍微掃一下資料，很輕鬆就可以掌握國際局勢。

●災難投資法的執行指標

至於是否要執行災難投資法，可以參考下列主要的觀察指標的變化找出切入點：

> ①股市指數：崩盤接近一定位階，例如歷史低點。
> ②匯率：快速貶值。
> ③利率：快速上升。

回到俄羅斯的例子，2014 年 12 月 16 日，股市於盤中曾經跌破 600 點，利率快速攀升到 17％的高檔[1]，接著幾天又因為油價崩跌因素，資金外逃使得匯率大幅度貶值，曾經跌破 1 比 80，符合上述三個觀察指標。（如下表）

觀察指標	內容	俄羅斯
股市指數	崩盤接近一定位階，例如歷史低點或自己設定的位階。	股市於盤中曾經跌破 600 點，與歷史低點相符。 同日拉出極長的下引線。 數日呈現愈短時間跌幅愈大的現象。
匯率	快速貶值	因為油價崩跌因素，資金外逃使得匯率大幅度貶值，曾經跌破 1 比 80。 與之前大約 1 比 35 來比較，差距極大。
利率	快速上升	2014 年 12 月 16 日，利率從 10％快速攀升到 17％的高檔。

因為俄羅斯入侵烏克蘭、遭到歐美經濟制裁而股市長期走跌，匯率走貶情形嚴重，利率又一直在高檔，早已經列入個人口袋觀察名單。長期觀察國際股市的筆者，就等著這三個指標都達成，果然在 2014 年 12 月下旬穩穩地抓住這一個轉折點，股市呈現崩跌恐慌的現象，也在幾乎最低點的時間以「單筆」方是買進基金，隨後再以「定期不定額」的方式買進基金。

● 有時候只符合兩項指標

　　有些匯率下跌，資金外逃，以這個角度觀察，股市應該走跌。可是很多情況，股市走跌幅度不大，很可能還在相對的高檔。例如土耳其的匯率從 2014 年對美元的 2 元，2018 年已經貶值到了大約 8 元，最快速的階段應該是 2018 年的 7 月下半到 8 月初，匯率從 5 元快速貶值到 7 元。

　　土耳其的股市也是一路上揚，偶有幾次拉回，但都看回不回，從 2002 年的 10,000 點到 2018 年 1 月最高曾經突破 120,000 點，目前回到大約 90,000 點的位階。如果依照前開執行災難投資法的三標準：股市跌、匯率貶、利率升，土耳其只符合後面兩個要件，股市只是小幅下跌 -25％左右，並不算出現災難。

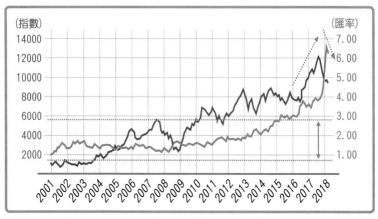

▲ 圖 3-3 2001-2018 年 土耳其匯率與股市指數走勢圖

　　很多朋友認為 2016 年 1 月土耳其股市 7 萬點的位階，2018 年 1 月最高曾經突破 12 萬點，現在拉回到 9 萬點的位置，算是拉回 60％，是一個很好的切入點（如上圖 3-3 箭頭處）。這樣子的觀點恐怕值得商榷，因為把 7 萬點當作基準點顯然太高了，或許

可以參考 2008 年金融海嘯的低點與低點前出現的高點，也就是大約在 20,000 到 60,000 點之間設定一個目標，沒有達到就不操作，寧可不操作，也不要為了買進而買進。

類似的國家非常多，我在 2018 年間講了非常多匯率嚴重貶值的國家，除了剛剛提到的土耳其之外，還有南美洲的委內瑞拉、阿根廷、巴西，亞洲的印尼，以及非洲的南非，他們都有共同的現象。（參照下表）

國家	利率	匯率	股市指數
委內瑞拉	近期利率大約 14 至 24% 之間	2018 年 1 月匯率 1 美元兌 9.975 元；目前貶到 1 美元兌 248,209.922 元	2018 年 1 月指數 3667.8 點；同年 8 月 24 日，最高來到 458,793.09 點
阿根廷	1990 初，利率曾來到 1400%；2018 年 60%	2002 年 1 月匯率 1 美元兌 1.83 元；2018 年 8 月貶到 1 美元兌 41.46 元	2002 年 1 月指數 439.20 點；2018 年 2 月，最高來到 35,461.52 點，8 月指數 29,293.52 點
土耳其	2010 至 2017 年控制在 4 至 10% 之間 2018 年 7 月到同年 8 月分別調升至 17.75%，後又於 9 月升至 24%	2008 年 5 月匯率 1 美元兌 1.12 元；2018 年 8 月貶到 1 美元兌 7.08 元	2002 年 1 月指數 13,252.32；2018 年 1 月指數 121,531.50

國家	利率	匯率	股市指數
印尼	2010 年以來，控制在 4 到 8% 之間	2000 年以來，匯率最高在 2003 年 5 月的 1 美元兌 8,100 元；2018 年 8 月貶到 1 美元兌 14,730 元，接近 1998 年 6 月亞洲金融風暴的 16,850 元	2002 年 1 月指數 13,252.32 2018 年 1 月指數 121,531.50
南非	2008 年金融海嘯之後，利率大約是 5 至 8% 之間	2011 年 5 月匯率 1 美元兌 6.54 元 2016 年 1 月最低 17.77 元；2018 年 8 月又貶值最低至 1 美元兌 15.45 元	2008 年 11 月金融海嘯 17,770.97 點；2018 年 1 月最高來到 61,776.68 點

　　這些國家匯率長期持續貶值，而利率走高，但是股市指數並沒有崩盤，反而是在高點震盪；此種現象股市即便是高長，大多是屬於資金外逃型，像是委內瑞拉、阿根廷、土耳其；或者即便經濟成長使得股市上揚，但因為有一些內部因素，導致匯率貶值。

　　匯率貶值，若是外債過高，都有可能導致一些金融風暴，使得股市存在下跌的風險。有點像是目前台灣房地產走勢，成交量低迷，但房價仍在高檔，價漲量縮，不是好的現象，不適合投資該國的股市，即便是匯市因為貶無底線，也不適合投資。

《長期觀察國際新聞》

台灣新聞媒體的國際新聞所呈現出來的不完整性，一直為人所詬病，為了更深入瞭解國際發生的重要事件，我習慣會到國外重要新聞網站看一些新聞標題，如果與自己觀察中的股市或標的有關係，就會閱讀並擷取重要資料。

以下是我經常瀏覽的網站：

電台名稱	所屬國家
RT	俄羅斯
CNN	美國
BBC	英國
NHKWorld	日本
半島電視台	卡達

上述網站包括美、英、日與俄羅斯，國際主流意見大致上皆能掌握；此外，搭配臉書朋友的貼文、Line 群組朋友分享的訊息，代表著一般人所關注的焦點，透過多元性的資訊來源，即時地掌握投資理財所需的資訊。

早年跨國資訊取得不易，在美國得知的商業訊息，可能是某一家公司的重要消息，可以立即打個電報通知國內親友進行投資；網路，讓資訊的取得不再因為國際交通所導致時間差，甚至有些國際媒體像是 BBC 也有中文版，更便利地提供新聞內容。

許多朋友英文不太好，閱讀英文網站頗感吃力，可以 Google 網站輸入關鍵字搜尋，選擇「新聞」項目，通常就可以找到國內或中國大陸對於此事件的報導，亦能快速掌握重點資訊。譬如利用 Google 查詢「土耳其政變」，就可以得到最近最新的消息。

　　找到了新聞，如果因為英文能力不佳而無法閱讀。其實也不必太擔心，還有一個不錯的小技巧，就是將新聞內容的標題、第一段複製至下列網站：

```
http://translate.google.com
```

　　Google 提供的翻譯功能，目前翻譯的結果已經相當接近於本意，不會像早期翻譯結果很差，尤其是網路整篇文章翻譯根本看不懂；隨著資訊科技的演進，拜大數據分析之功勞，現在翻譯的準確度逐漸提高，對於只需要瞭解概略事件發展的投資人而言，已經相當夠用了。因此，標題、第一段透過本網站翻譯後，大概就可以知道新聞的重點。

　　掌握資訊是投資的重要基礎，如同開飛機要靠儀錶板一樣，有了數據的導航才不會迷航失事。像是俄羅斯股市於 2017 年 1 月 27 日（五）大漲 31.99 點，漲幅高達 2.75%，立即上網查了一下資料，發現是因為川普當選後與普丁首次通電話，例如下列新聞標題：

川普與普丁通話之新聞標題	
新聞原文標題	中文翻譯
Top Russian Official Says Putin-Trump Call Will Be Positive[2] Putin & Trump signal new Russia-US partnership with 1st phone call on ISIS, trade & Ukraine[3]	俄羅斯重要官員表示普丁與川普的電話對談將會有正面的結果。 普丁與川普第一次通電話發展新的美俄關係，討論 ISIS、貿易與烏克蘭。

投資人眼看俄羅斯因為入侵烏克蘭而遭到美國制裁之事，以及油價下跌對股市的傷害，可能在這次洽談中開啓轉圜的契機，導致股價上漲。不過，評估這一次電話只有想像的空間，對於俄羅斯的制裁恐怕難以單靠一次電話就能解決，因此短線快速上漲並沒什麼值得高興，回檔的機會很高。

　　不過從電話對談內容來看，未來還是有值得觀察點，譬如「重起經濟聯繫」（restore economic ties）、舉行個人會議（Putin and Trump also agreed to initiate a process to "work out possible dates and venue of their personal meeting."）；川普是位生意人，只要有得撈，當然解除制裁的機率就高，所以對談中也提到「讓我們看看能否與俄羅斯有好的交易」（let's see if we can make some good deals with Russia.）。

　　看完這些新聞，短線無法解決，長線俄羅斯仍有想像空間。

註 1 Russia makes drastic rate rise to 17% to stem rouble decline，http://www.bbc.com/news/business-30490082。
註 2 Top Russian Official Says Putin-Trump Call Will Be Positive，https://www.yahoo.com/news/top-russian-official-says-putin-trump-call-positive-103855878.html。
註 3 Putin & Trump signal new Russia-US partnership with 1st phone call on ISIS, trade & Ukraine，https://www.rt.com/news/375416-putin-trump-telephone-call/。

147

避開風險高的標的

> 一時的跌倒，只要還能勇敢爬起來，就值得投資等待；
> 已經病入膏肓的標的，即便未來的某一天有機會復甦，
> 也不值得等待。

《曾經破產的冰島》

大陸富豪黃怒波斥資 1 億美元買下冰島 3% 的土地，預備再花 10 億克朗（Krona），約合 880 萬美元，在冰島東北部蓋座豪華度假旅館和高爾夫球場[1]。為什麼這位大陸富豪想要在飛機要飛個 20 幾個小時才能到的冰島置產呢？思考在三，應該離不開下列理由：

①冰島的風景太美了，電影「雷神索爾」還遠赴冰島取景。

②金融海嘯使得冰島破產，房地產價格便宜。

讓我們跟隨著本書的文字，開始回頭尋覓這幾年冰島的發展。2008 年金融海嘯發生前，冰島享受了多年的經濟繁榮。都已經稱之為冰島了，就可以知道這是一個充滿美景的島國，說是寒冷氣候區的小漁村也不為過。然而，這個小小的國家卻能在 1990 年代後期享受經濟上的繁華，究其原因不外乎是引進金融產業，使得原以漁業為生的島國，可以充分運用世界上充斥的游資（crefugee capital），借貸後在海外大舉投資。

冰島兩位數基準利率，也是吸引大量海外投資客將錢投入冰

島的原因，湧入的資金將冰島貨幣克朗匯率不斷往上推升，如同外資推升人民幣一樣，當年外資受到了高額利率的誘惑，前仆後繼地湧入冰島。

2008 年 6 月，冰島央行只持有 20 億美元外匯存底，但外債卻高達 700 億美元；當美國發生金融海嘯，雷曼兄弟公司倒閉引發外資從世界各國急著撤出資金，當然包括冰島，外資搶著把克朗換回歐元、美元時，冰島脆弱的金融市場立即崩潰。

冰島民眾貸款部分，因為內部以冰島貨幣計價之貸款利息過高，所以多是向借貸低利的日圓、瑞士法郎的外幣貸款，隨著外資快速撤出，冰島貨幣劇貶，許多人的房貸金額因為貨幣貶值而大幅飆升一倍以上，還不起的借款人，抵押的房子只好眼睜睜地遭銀行收回。

這一陣風暴來得快、去得也快，破產至今的日子，對於冰島人民的影響似乎不大，甚至更好。為何如此說呢？冰島在經濟起飛之後，原本備受尊崇的教師、護士等工作，卻成為只有「失敗者」才會從事的工作，光鮮亮麗的金融產業則受到年輕人的追捧；直到破產之後，這些原本乏人問津的工作才有重新受到重視。

這讓我回憶起當初念師專的原因。

台灣早期經濟發展之初，隨便找個工作都薪資優渥，竹科窩個幾年就可以退休，使得有公費補助的師範學校就學的學生都是窮人。當時社會的氛圍認為當老師並不是一個有好發展的職業，薪資低當然是主因；等到 90 年代之後，台灣經濟成長減緩，這些在社會上扮演穩定力量的工作才在社會中重拾其價值與尊嚴。

只是這幾年來貧富嚴重不均，許多人用資產賺來的孳息，遠遠超過許多人的薪資所得，不論是平日或假日，都看到飯店門口一堆人潮在等著喝下午茶，可是也在社會的各個角落，有許多老

阿伯、老阿嬤推著滿載回收物品穿梭車水馬龍中，就是為了到回收場換取那微薄到買個小麵包都不夠的工錢。

所以，房子價格高漲、薪資仍在地上躺平著，許多人尋找著更快的投資商機，社會上到處都是勸人快賺、簡單賺，賺到你不要不要的技巧，希望人們善盡社會職責的聲音逐漸淡去，或許如同冰島的命運一樣，等到夢再次破碎才會覺得當一位踏實的漁夫才是一件快樂的事情。

《股票下市的機率高出國家甚多》

● 國家會破產，股票更會下市

冰島，本來是小小的以漁業為主的經濟體，從 1990 到 2008 年金融海嘯破產，繁榮的年代不過是 20 年間，假設再有以冰島為主體的基金，或者是以其貨幣克朗為主體的其他投資商品，你是否還會投資呢？

我想應該沒有人會想要投資了，因此災難投資法的十字訣「低點敢切入，時間熬得久」恐怕並不適用於這一類的投資標的。不過至少冰島是個國家，要淪落到破產這種田地，近年來並不多見，與一些股票來比較，機率更是低了許多。

一般投資股票會有一個大問題，先從價格比較來說，許多朋友會想到一個問題「低點會不會還有低點，自己以為是低點，買進之後卻變成接刀？」這是一個好的問題，低點還有新低點，甚至變成低價的殭屍型股票，連交易量都幾乎沒有，例如與古董張合作炒股的唐鋒，買在接近 300 元的價位，跌到 100 元時算不算低點？跌到 50 元時算不算低點？

2016 年發生的樂陞事件也是一樣，號稱日商「百尺竿頭」願意以高價收購，最後錢沒進來淪為一場空，股價一路從 120 元跌

下來，80 元算不算低點？ 40 元？ 20 元？然後就消失無蹤了。股票的主體是公司，下市、下櫃、解散清算都算是常見的事情，不只會有價格跌價的問題，甚至還會有整個消失不見的慘狀；然而，國家、地區就很少見這樣情況了，如同冰島一樣，即便破產了，至少土地、人民都還在，也許還有翻身的機會。

再舉個例子，2016 年台灣股市有一檔股票凱衛（5201），在市場上就有很多不肖人士針對此檔股票進行「鼓動」。凱衛才 3.07 億的股本，相當於流通在市場的股票僅 3.07 萬張，單日隨便買賣 3,070 張，成交周轉率即高達 10%，從 2016 年 9 月 8 日起漲點 15.7 元，一直漲到同年 11 月 22 日的 51.5 元，漲了三倍。

趨勢的追隨者，當趨勢改變卻不自知的時候，就會在拐點（inflection point）受傷。股票是一種容易被操控的工具，不但是短期暴漲，卻也容易暴跌，更因為訊息的不透明，一般投資者根本無法得知營收暴漲是真是假，就算得知的消息最後驗證為真，但因為取得訊息較慢，很難買在一個漂亮的點位。尤其是人性容易受到操弄，如果看到一直漲而手癢買進，結果卻碰到崩跌，自然容易受傷。

災難投資法的操作方法、概念，不僅僅適用於特定國家、原物料等標的，也適用於股票，只是股票到底是不是低點，因為價格受到多重因素的影響，會不會下市、下櫃往往很難判斷，而且發生的風險很高。對於長期投資且追求穩定報酬者而言，小飆股雖然有很大的利潤，伴隨而來的卻是極大的風險。

投資小股本的股票就好像是投資冰島一樣，股本小容易成為炒作的標的，稍有一些資金進來，整個股價就飛漲到天邊，一吵就上漲。經檢視，台股低於 3.1 億元的股票大約有 110 餘檔，很容易因為一些題材或炒作而造成股價的波動。即使投資報酬率很

高，但在我以長期穩定獲利的目標下，都會被列為拒絕往來。

因此，如果想要投資小型股票，就要認知到潛在的風險，或者是參考本書所推薦的「災難投資法」，改以國家、地區、原物料、農產品或匯率等為標的。只是小型或者是體質孱弱的國家，因為波動幅度太大，如同小股票要避開的道理一樣，也應該要迴避之，不要列入觀察標的清單中。

● 篩選出狀況機率低的「災難投資法」清單

相對於股票，俄羅斯會不會被併吞？英國會不會整個英格蘭群島下沉？美國會不會被北韓丟核子彈？這些機率不是沒有，只是相較於股票下市、下櫃來說，算是被雷打到的機率，況且如果這些事情發生在你我的世代，恐怕也是亂世，持有股票也沒比較好啊！

不過有些國家即便是龐大的經濟體，風險也不一定會比較小，像是大家很喜歡的南非，或者是本書前面提過、大家耳熟能詳的希臘，因為都有長期性的內在弊病，像是貪污、黑道、游擊隊等，都不會被列為災難投資法的標的。

非洲、中東國家長期不穩定、戰事頻傳，或者是前文提到的冰島，小國小民，又從一個金融為經濟主體的國家變回漁業導國，即便是失業率逐漸下降、經濟成長又恢復常軌，只是這類型國家的投資風險實在很大，並不是災難投資法的良好標的。

因此，我們必須要隨時注意，篩選出長期不穩定，經濟情況難以好轉，甚至是跌倒過、短期難以翻身的「災難投資法」負面表列的清單，當然並不是永遠不再投資，但只要清單上排除的理由未消失，就要避免自己將這些列為投資標的（如次頁表）：

負面表列的國家	不投資的理由
冰島	金融海嘯破產後，回復到漁業島國。
敘利亞	戰事頻傳，不但無可投資工具，就算有工具可以投資，也像是丟到水中的石子，難以找回來。
希臘	國家福利過於優渥、人民難再見到古代希臘世紀時的勤奮努力。
義大利	雖然是全世界重要的經濟體，但整個國家似乎只是靠著先人留下的古蹟為生，很難看到有令人興奮的發展。
南非	雖然是非洲重要的經濟體，但內有種族之間的長期爭議，即便「種族隔離政策」，但種族問題可是永遠難以消失。

註 1 冰島破產－國家政策研究基金會，http://www.npf.org.tw/1/9647。

泡沫的長相

《龍王理論》

● 索耐特教授與哈利・鄧特二世的泡沫論點

索耐特（Didier Sornette）教授於 2004 年出版的《為何股票市場會崩潰？》(Why Stock Markets Crash: Critical Events in Complex Financial Systems)，提出了「龍王理論」，龍王代表各類體系中的極端事件；這些事件是特殊的、異常的。極端事件可不可以預測呢？由於此種事件衍生於特定機制，索耐特教授認為或許得以進行預測及控制。

哈利・鄧特二世在其《2017-2019 投資大進擊》一書中，很直接地將泡沫形容成性高潮，還分為男性性高潮與女性性高潮兩種，雖然我過去在研究泡沫的時候，也是想要用此作為類比，但國人生性保守，每次話說到了嘴邊，覺得不太洽當又硬生生地收了回來。

想要理解「龍王理論」的艱澀文字，建議可以套用性高潮的概念輔在思考，會比較容易理解。索耐特教授所提出的龍王理論，其根本機制是一段緩慢邁向不穩定的過程，也就是「泡沫」逐漸形成，當它擴張到極限時，就會達到高潮然後發生破滅的結果。

這類似於緩慢加熱試管中的水，使其達到沸點。水分子逐漸變得不穩定，水整個在滾動，形成蒸氣，這個過程並非線性，也

不是指數成長，很難用傳統的統計概念加以預測。索耐特教授的龍王理論發現了這一個不穩定過程的存在與模式，使得很多類似的數據開啓了分析的新頁 [1]。（見下圖 3-4）

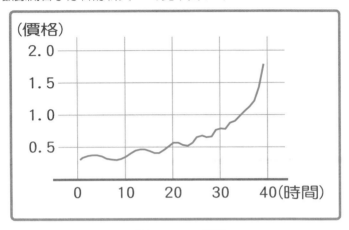

▲ 圖 3-4 LPPL 模型

　　無論是水蒸發前的不穩定現象，還是股市泡沫前的暴漲現象，或者是性行為最後的高潮現象，都是屬於集體突發行為的反射，基本上源於集體成員內部。因此潰堤的根源、危機的根源必須從系統內不穩定狀態中察覺，任何細微的擾動都可能造成不穩定。索耐特教授的研究團隊更透過這樣子的概念，第一次成功診斷出雅利安火箭破裂的關鍵因素；透過細微聲音的分析發現結構中的微小噪音，代表結構因為壓力而損傷，經由集體正回饋現象，原有的小損傷會產生更多的損傷而成為大損傷。

　　龍王理論可應用於其他領域，像是生物及醫學領域，具體應用項目如懷孕的子宮收縮過程、癲癇發作等；其他像是土石流、冰川崩塌，甚至哪一部電影可以賣座等，以及本書的重點：金融投資 [2]。

● 龍王理論的台股應用

我研究了很久「龍王理論」的模型，以及哈利‧鄧特二世對於泡沫特徵值的描述，又蒐集了百檔符合前開特徵值的股票與國際間發生過的泡沫事件。

當時正值 2017 年 8 月間，發現 2015 年 8 月到 2017 年 7 月的台股走勢，與對數週期冪律（Log-Periodic Power Law，LPPL）的模型相仿（相當於下圖 3-5 的圈起位置），搭配著當時散戶正逐步進場的熱絡氣氛，個人覺得應該會走最後的高潮階段，也決定來做一個投機性的嘗試，買了一檔當時波動劇烈的焦點股，準備賺那最後一段的高潮波。

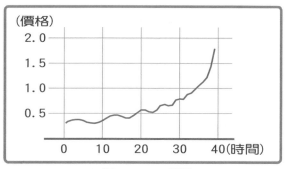

▲ 圖 3-4 LPPL 模型

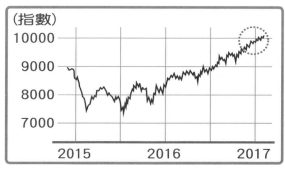

▲ 圖 3-5 2015-2017 年加權指數

　　一開始都還算符合預期，只是剛好 8 月初遇上了美國川普跟北韓金小胖槓上，一下子北韓威脅核武攻擊關島，面子掛不住的川普又嗆回去，有時候都懷疑真假，怎麼都當上元首了，還每天只會喊打喊殺，是在偷偷放空股市嗎？

　　請參考下表的新聞標題，導致原本預期的最後泡沫暴漲階段，突然因為川金對嗆事件使得市場冷了下來，只有賺到不如預期的小波段：

日期	新聞標題
2017/8/11	「烈焰與怒火」還不夠猛　川普加碼恐嚇金正恩：北韓會遇上大麻煩　　　　　　　　　　　　　　【風傳媒】
2017/8/11	火力圍攻關島 北韓 4 彈齊發　　　　　　【中時電子報】
2017/8/13	川普、金正恩互相威脅 專家：兩人十分相似　　　　　　　　　　　　　　　　　　　【自由時報電子報】

　　經過這一次的小小測試，模型只是一個理想、標準型的參考狀況，股市波動還是由多重因素所構成，統計學的常態分布圖形固然很常見，如一個班級的學生成績通常都在 70 至 90 分之間，超過 90 分或低於 70 分的學生成績比較少；但並不是每種情況均如此，如果採行能力分班制度，A 段班的成績可能都在 90 分以上，放牛班的學生成績可能都在 70 分以下。

　　水慢慢加熱而煮沸、股票不斷上漲也會泡沫，但只要在快煮沸的水中加入一杯冷水則會延緩煮沸的時程，在股票快要泡沫破滅的時候來一段金川會的雙簧戲碼，股票指數壓回，必須再次重建投資人的信心方得以向上攻擊。

實際社會中，一個小小的變數發生可能會改變整個結果，例如大前研一於 2006 年出版的《M 型社會》，描述著本來以中產階級為主呈現常態分配的社會，中間正逐漸凹陷，有錢人、窮人正在兩端逐漸上升。我曾經在出版《理財幼幼班 2：數據迷思與投資情緒》時探討此一問題，主要的原因是一定資產利潤遠遠超過勞動所得，而且差距會愈來愈大，也就是皮凱提在《二十一世紀資本論》中所提到的資本報酬率（r）大於經濟成長率（g）。

假設你擁有 1,000 萬元資產，在台積電 50 元的時候買了 200 張，那麼到了今天每年可以配息 160 萬元，不必工作就可以領 160 萬元，相當於 6 位 22K 薪資的年薪總合。換言之，只要你有高額的資產，在沒有戰爭，更沒有發生嚴重災難的承平時代，有錢的人會愈來愈有錢，也就是所謂的資本集中化的概念。

鴻海（2317）董事長郭台銘先生，每年光鴻海單一公司的股息，1 年就有 60 億元以上的配息，相當於每個月 5 億元；而一般的勞動階級，若是沒有資產的幫忙，每個月只有領微薄的月薪，看著物價不斷翻漲，只能天天幻想是否可以翻轉人生；只是現實社會光靠幻想是無法改變，富者愈富、貧者愈貧。（參考下表）

年度	富人年初財富	富人年末財富	窮人年初財富	窮人年末財富
1	1,000 萬元 購買 200 張台電	配息 160 萬元 共計 1,160 萬元	0 元 每月薪資 3 萬元	薪資 36 萬元 共計 36 萬元
2	1,160 萬元	配息 160 萬元 1,320 萬元	36 萬元	薪資 36 萬元 共計 72 萬元
3	1,320 萬元	配息 160 萬元 1,480 萬元	72 萬元	薪資 36 萬元 共計 108 萬元
4	1,480 萬元	配息 160 萬元 1,640 萬元	108 萬元	薪資 36 萬元 共計 144 萬元
5	1,640 萬元	配息 160 萬元 1,800 萬元	144 萬元	薪資 36 萬元 共計 180 萬元

上表沒計算支出，窮人不吃不喝才能以每年 36 萬元的速度累積財富，富人以每年 160 萬元的速度累積財富。然而，窮人辛苦的地方不只是收入少，扣除支出後更慘，如果假設窮人年度支出 30 萬，富人年度支出二倍 60 萬元，則扣除支出後，窮人幾乎所剩無給，而富人靠資產所得的收入，即便支出超過窮人二倍，依舊剩下一大堆。（如下圖 3-6）

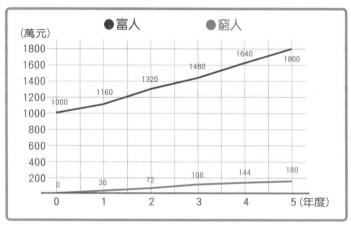

▲ 圖 3-6 富人 / 窮人 資產成長趨勢圖

《人性不改，金融災難不斷》

● 賽蓮女妖與脆弱人性

根據荷馬史詩《奧德賽》的描寫，賽蓮（Sirens）女妖們居住在西西里島附近海域的一座遍地白骨的島嶼上，她們用自己天籟般的歌喉誘使來往的水手傾聽失神、跳海找女妖，甚至將船駛向妖女所住的島嶼，結果讓船舶在礁石遍布的海岸邊沉沒。

希臘遠征特洛伊的大將奧德修斯（Odysseus）在回國的海上，受到女神賽熙（Circe）的忠告：回程的路上將有海妖用絕美的歌聲誘惑，最好繞行避開女妖，否則幾乎沒有人能控制自己的意識。奧德修斯知道自己雖然在戰場上非常勇猛，但也應該無法抵擋女妖歌聲的誘惑，於是要求船員在耳中塞入白蠟，以避免聽到女妖的聲音[3]。

奧德修斯自己很想要聽女妖到底唱什麼歌，於是自己的耳中並沒有塞入白蠟，但預先替自己脆弱的人性做好了準備，要求船員將自己綁起來，在航行經過女妖的海域時絕對不能把自己鬆綁，如果自己苦苦哀求，就把自己綁得更緊。

真正來到了女妖的海域，只有奧德修斯一人可以聽到女妖唱了什麼歌，船員們看到戰場上的勇士奧德修斯臉部表情不斷扭曲地被綁在桅杆上，似乎被深深地觸動到大腦最底層的情慾，只見奧德修斯命令大家快點把他放開，但船員們謹守著被綁之前的命令，絕對不能放開他。

奧德修斯開始大聲咒罵船員不聽從命令，甚至連上帝都列為被罵的名單，但船員反正也聽不到，依舊不理會，開著船持續在最危險的女妖海域中向前行進，由於事先的準備，也讓大家平安度過了水域。

上述就是知名荷馬史詩「奧德塞」的描述，這告訴我們一件事情，即使是英勇的大將軍還是有其人性脆弱的一面；同樣地，許多高級知識分子在投資市場中依舊脆弱如奧德修斯一樣，唯有承認自己的脆弱，及早做好準備，才能安然渡過女妖的海域。

● 2005年消費金融貸款風暴

1997 年亞洲金融風暴、2000 年的網路泡沫、2005 年消費金融貸款風暴（參照次頁圖）[4]、2008 年次級房貸引發的金融海嘯、2011 年歐債危機，這些大型經濟體制的崩潰讓全世界驚心動魄，其中 2008 年金融海嘯最驚悚，好像整個經濟體都停止運轉，連生性節儉的馬英九，剛擔任總統的他，還跑到夜市買鞋子，向大家宣導要多多消費，隔沒多久就開始發每人 3,600 元的消費券。

只是人性不會改變，如同本書所言，人的大腦是野獸腦，一朝被蛇咬、十年怕草繩，但第 11 年又重操舊業了。還記得以前的喬治瑪莉現金卡嗎？銀行業紛紛鼓吹民眾借錢，還透過廣告不斷洗腦一個觀念——借錢來消費才是聰明人；不僅如此，連學生都被鼓吹可以辦信用卡，可是學生有什麼控制消費慾望的能力？很快地，許多人的信用都刷爆了。

經過不斷的借錢消費，卡債問題於 2005 年來到了高峰（如次頁圖 3-7），隨著許多人們還不出錢來，終於引發了消費金融貸款風暴，政府只好出面收拾爛攤子，限制信用卡的申辦條件迄今，還通過了消費者債務清理條例，以及修正民法改為限定繼承。歷經多年，才將信用卡循環信用的議題降到最低。

只是這幾年來銀行游資氾濫，三不五時就接到銀行問你要不要借錢，加上利率又在低檔，只要條件不算太差的當事人，都可以用很低的利率條件貸到上百萬元的資金，所以「其他個人消費性貸款」又蠢蠢欲動，目前又快接近當年的高點。只是有些是銀行勸顧客貸款出來，鼓勵你買一些指定商品，譬如用 2% 的貸款利率，借 200 萬元去購買固定配息 8% 的金融商品的利差交易，甚至貸款期間本金都不必還。

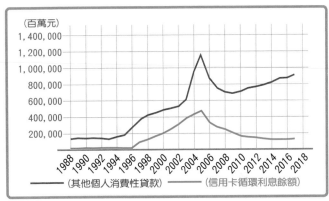

▲ 圖 3-7 1988-2017 年 消費性貸款／信用卡卡債對照圖

利差交易並不是新名詞，但是在各國股市、房市價格都在高檔之際，借錢投資就是很大的風險。例如小毛在 2015 年貸款了 2,400 萬元，買了一間總價 3,000 萬元的房子，前 5 年只支付利息（2%）、不還本金，也就是說前 5 年每個月只要還款 4 萬元，這時候房價一直無法上漲，還微幅下跌，但堅信房價上揚的小毛只好將房屋出租，運氣不錯，每月租金收入 50,000 元，希望這 5 年房價能夠大幅度上揚，賺了價差就走。

沒想到 5 年之後的 2020 年到了，原本每月收到的房租扣除調利息 40,000 元後，還剩下 10,000 元；現在寬限期一過，本金開始攤提（每個月要還 101,725 元），扣除掉 50,000 元的房租，還要拿出 5 萬多元。（如下圖）

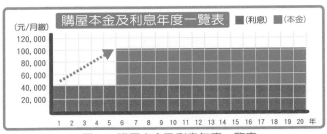

▲ 圖 3-8 購屋本金及利息年度一覽表

　　加上金融風暴又起，收入開始不穩定，房客繳交房租也不正常，房價再跌三成，只剩下 2,100 萬元，貸款的本金一毛錢都還沒開始償還，依舊欠銀行 2,400 萬元，房子價值低於貸款的金額，小毛煩得要命，心裡開始考慮是否讓銀行拿去拍賣算了。

　　利差交易這種概念，在股票、房價都在高檔的年代，更應該要謹慎盤算，即便只是單純的借錢，也要多觀察，沒有三兩三，可千萬不要上梁山；尤其是從數據上來看，其他個人消費性貸款的金額是愈來愈高，也代表著累積的風險愈來愈高，等爆的時間愈來愈近。

● 股票也是泡沫不斷

　　除了金融風暴外，單一的股票也存有泡沫，像宏達電 (2498) 來到了 1,300 元，又隨之崩盤，又或是國巨 (2327) 來到了 1,310 之後崩盤，跌回其應有的價位，還有許多例如凱衛、中石化、青雲、三陽、富堡等都曾經出現明顯的泡沫，例如下圖 3-9 出現一個快速上揚的三角尖形走勢，人性貪婪的追逐，口袋財富的崩落，最後逐步回跌，來到了當初的起漲點或跌回其應有的價值。

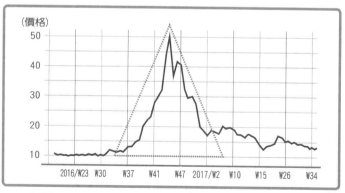

▲ 圖 3-9 2016/23W-2017/34W 凱衛 (5201) 週線走勢圖

我們可以將市場分成兩類投資者，一類是理性的主力，一類是不理性散戶。主力必須要操控、慫恿散戶，並且讓散戶之間瘋狂追捧，讓後進者出現「羊群效應」，也就是盲目的追隨，當散戶出現不理性的追逐資產標的，就可以讓金融資產價格偏離其合理價格。只是從歷史泡沫的經驗來觀察，快到高點之際，不管是理性的主力還是不理性的散戶，到了最後都是瘋狂的追求最短的時間、價格最大的成長。

最近最大的泡沫當屬比特幣，從默默無名的一枚數位貨幣到全世界追捧，2011 年因安全漏洞導致 1 比特幣才 1 美分，2017 年 12 月 16 日來到最高點 19,343.04 美元後開始崩跌。（如下圖 3-10）

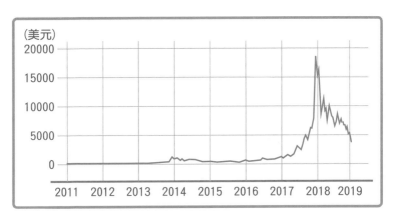

▲ 圖 3-10 2011-2018 年 比特幣價格走勢圖

從上圖尖尖的走勢，讓我想起了 1637 年的鬱金香球泡沫事件，而比特幣的成功大賺，引發上千種數位貨幣不斷地推陳出新，讓我想起了南海泡沫中，很多人眼見南海公司的成功，趕緊成立了許多類似的公司；更想起了自己親身經歷過的 2000 年網路科技泡沫，更是只要掛了達康（.com）就是籌資的保證。

　　還記得那時我還在研究所攻讀碩士，研究領域正好是網路科技法律，親眼見證因為籌資太簡單，一堆達康（.com）公司紛紛成立；當時有一位商學院的學生跑來修法律所的課程，上課時就表示要去賣網路金流購物車，結果課程才剛開始沒幾週，這位同學就募到了大額的資金，在敦化南路租了整層的辦公室，過著揮霍資金的生活，但隨著網路泡沫快速破滅，那一堂課還沒上完，資金就已經用罄，公司也黯然收場。

　　閱讀了許多討論歷史上發生過關於泡沫的書籍，看著自己歷經過的各種股票、比特幣、房地產的泡沫，以及正在醞釀中，未來即將破滅的新泡沫，有一個小小的感言：人類真是死性不改！

《泡沫的外觀》

● 泡沫三要件

　　在「龍王理論」中提到的 LPPL 模型（參考下圖 3-11）[5]，持有的資產（例如股票）價格以近似指數增漲的方式成長，隨著價格不斷地震盪，到最後震盪幅度變小，一樣時間增長的幅度卻劇增，進入「超指數」的狀態，最後達到臨界點而崩盤。

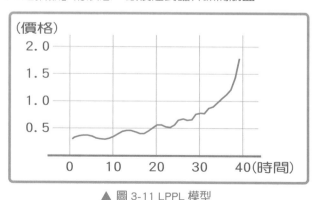

▲ 圖 3-11 LPPL 模型

約翰森（Johansen）和索耐特指出，泡沫包含了三個條件：

①銳利的波峰存在。

②過去一段時間價格是上升的，至少存在 6 個月。

③波峰一段時間後價格快速下降，下降時間短於上升期間[6]。

首先，先來談談第一點，泡沫通常會有尖銳的高峰存在，愈尖銳代表已經失去理智的瘋狂散戶進場，沒有理智的搶購股票，一根幾乎垂直的上漲，我們可以稱之為「散戶垂直線」。

群眾的力量當累積到一定的臨界點，就會產生瘋狂的現象。例如 2006 年間筆者前往義大利開會，除了羅馬競技場外，最常去的就是各地的教堂，還跑到梵蒂岡晃了一圈，當你來到了聖彼得大教堂之後，感受到眾人齊聚一堂祈禱的力量，單膝會不自主地跪下，胸口畫上十字架，然後進行禱告；接著再到別的比較小的教堂，會覺得感覺差了許多。

回到台灣，某穿著紫色衣服的知名宗教，儀式中常會喊「感恩師父、讚嘆師父」，如果只有一人喊，很難產生共鳴的效果，但如果在千人會場中，大家齊聲一致地高喊相同的口號，一樣會產生類似於聖彼得大教堂中共同禱告的震撼感。

回到泡沫最後甩上去的尖端走勢，正是眾人同心高喊「感恩師父、讚嘆師父」，產生的非理智行為，早已經不論基本面如何衝上去就是了。只是沒有基本面的暴漲，當炒作完畢之後的崩跌，會逐漸回到原點。起漲點、尖端、下跌返回起漲點，三個點呈現 A 字型，不一定會等腰，但是底的位置差不多，從哪裡起漲就回跌到哪邊；哈利・鄧特二世在其《2014-2019 經濟大懸崖》書中提到泡沫會跌回原來的位置，甚至更低。

其次，第二點的部分，過去一段時間價格是上升的，至少存在 6 個月。可以參考右圖 3-12 上海證券指數（2014/2-2016/1），

從 2,059 點漲到接近 5200 點，從「線性走勢」變成「指數走勢」，股價的走勢如同病毒行銷一般，快速蔓延加速，彎曲成類似「1/4 圓弧」，非常尖銳的波鋒出現，接著反轉下跌。

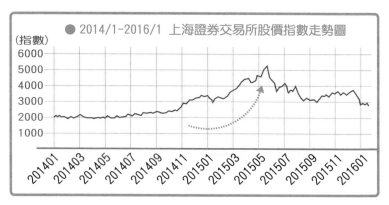

▲ 圖 3-12 2014/1-2016/1 上海證券交易所股價指數走勢圖

● 上漲過程的韻律

讓我們先分析上漲的過程，以每隔 500 點為一個區塊，看看每個區塊所花的時間：

指數	時間	花費時間
2,000 點	2014 年 06 月 03 日（週線）2,029 點當作起漲點	起點
2,500 點	2014 年 11 月 24 日（週線）	24 週
3,000 點	2014 年 12 月 08 日（週線）	2 週
3,500 點	2015 年 03 月 16 日（週線）	13 週
4,000 點	2015 年 04 月 07 日（週線）	3 週
4,500 點	2015 年 05 月 18 日（週線）	6 週
5,000 點	2015 年 06 月 01 日（週線） 2015 年 06 月 08 日（週線）到達 5,178 點的高點	3 週 1 週

由上表中，可以發現泡沫 A 尖端的出現，其模式為「上漲、休息→上漲、休息→上漲、休息→一甩到頂」；而且上漲達到相同幅度所花的時間會愈來愈短，從 24 週、13 週，縮短到只要 6 週，比值分別為「4:2:1」。然而，並不是任何走勢都會符合「4:2:1」比值，也許會更陡，也許會更平緩；無論如何，從線性走勢轉變成指數走勢，一定的漲幅所花的時間愈來愈短，一樣的時間會有更明顯的上漲幅度。

● 融資可能暴漲與反轉向下

融資使用率會上九成，通常都是散戶衝進來的指標，而且通常是集團性的炒股。融資使用率來到高點，很可能出現在波峰的左邊或右邊，左邊代表情緒已經被鼓動成功，正用生命在瘋狂槓桿操作，右邊則有接刀的意味，認為價格稍微下跌正代表千載難逢的投資機會，持續衝進來買股票；即使這兩段期間，通常是主力開始倒貨給散戶，散戶甘之如飴，不斷讚嘆師父。（參考次頁圖，融資使用率 70%以上的框框）

當高點出現倒貨時，反轉下跌趨勢就可以很明顯地確定，此一下跌趨勢過程中，不要接刀，因為低點還會有低點，太早接刀只會傷了自己。可是一般投資者還是喜歡接刀，這是一種預期獲利在作祟，人總是會模擬情境，一種是危險的情境，一種是賺錢的情境，只要能夠刺激人類賺錢的慾望，讓散戶認為現在不買更待何時，就會像羊群般地闖進來。

舉個例子，一檔沒有基本面的股票從 15 元一路漲到 51.5 元，一路快速上漲不回頭，有很多人沒賺到這一次的價格增漲，非常懊惱，結果短暫時間內，股價又從 51.5 元下跌到 37 元，這時候有些散戶覺得便宜，心裡幻想著：「如果再漲回 51.5 元，甚至更

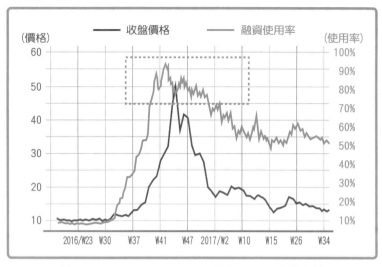

▲ 圖 3-13 2016/W23-2017/W34 凱衛 (5201) 週線走勢圖

高，就可以賺 1 萬 5，10 張就可以賺 15 萬元。」所以就在 37 元買進，只是第一次的反彈總是撐不了多久，很快又下跌了，結果股票一路下跌，跌回 15 元的起漲點。（如上圖 3-13)

● 擦鞋童指標

　　1929 年，當時知名的富豪喬恩 · 肯尼迪 (Joe Kennedy) 在擦皮鞋的時候，發現連擦鞋童都能夠對現在的股票市場現況侃侃而談，回到辦公室後，立即將手中持有的金融資產出脫，也逃過了 1929 年的大蕭條。

　　當年靠擦鞋童來判斷市場，現在要靠什麼資訊呢？如果平常持家的婆婆媽媽，突然聊天內容不再是東家長、西家短的，反而是開始去聽股票課程，還可以把學來的財經知識跟鄰居講得頭頭是道，這也可以說是現代版的擦鞋童；或者是當你發現隔壁股實、

領退休金過日子的老婦人，也突然開始因為操作股票而賺大錢，三不五時喝下午茶，買東西犒賞自己，就可能是現代版的擦鞋老婦人。

電影「大賣空」裡頭有一段劇情，男主角為了確認房貸過度浮濫，跑去脫衣舞店詢問脫衣舞孃貸款購屋的狀況，後來發現她一個人居然買了5間，更確定了貸款已經失去了審查機制，只要願意買房，就算沒有名字的狗都可以貸款成功。

實際生活比較無法跑去找脫衣舞孃，或者是連上台灣證券交易所的網站，查看一些證券開戶的數據資料，如果短期開戶數大量增加，代表散戶大量湧進市場；融資餘額也可以算是一個指標，當大量增加的時候，代表散戶進場，也要小心；因為泡沫的高檔一定會出現的參與者──散戶──絕對不會少。

現代擦鞋童指標	內容
婆婆媽媽	聊天內容不再是東家長、西家短的，反而是開始去聽股票課程，還可以把學來的財經知識跟鄰居講得頭頭是道。
隔壁殷實的老婦人	因為操作股票而賺大錢，三不五時喝下午茶，買東西犒賞自己。
脫衣舞孃	一個人居然買了5間。
證券開戶的數據資料	短期開戶數大量增加，代表散戶大量湧進市場。
融資餘額	當大量增加的時候，代表散戶進場。

泡沫正如同股市諺語一樣，行情總是在絕望中產生、猶豫中成長、希望中成熟、憧憬中毀滅。人總是在幻想破滅時成長，一次又一次的泡沫在歷史上反覆出現，能記取教訓的朋友又有多少人呢？

《低點的觀察與應有的反應》

● 接刀與走刀梯

　　泡沫破裂之初，要特別小心「接刀」，寧可放棄搶反彈、少一次賺錢的機會，也不要冒大風險。只是接刀就是一種人性，如同本書所提到的接刀原因，在於大腦喜歡簡單的思考，所以不會深究標的價格暴跌的原因，而是喜歡與過去的價格進行比較，昨天股價 100 元，今天跌了 10％變成 90 元，價格比較便宜，就會想說等到股價又回到 100 元，就可以賺 10 元的價差，90 元就是一個比較好的買點。

　　只是標的之本質業已惡化，跌勢恐怕會不斷發生，接刀之後持續出現「走刀梯」的逐層下跌；當跌了一段時間，投資群眾的信心開始渙散，如果融資也「斷頭殺出」，更是會出現「加速趕底」的現象，直到接近「原始起漲點」之際，才有可能逐漸出現了買點的好時機。（參照下圖 3-14）

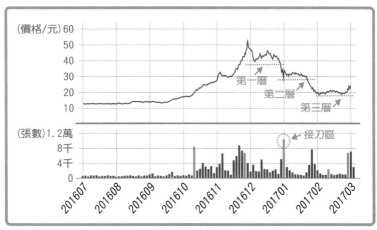

▲ 圖 3-14 股票下跌與接刀區示意圖

所謂「走刀梯」，比較標準型的走勢為：

下跌→上漲→下跌→上漲→下跌

但也不一定會有三次，沒有跌回起漲點的上漲，都要當作是「反彈」，尤其是沒有基本面的股票。每次小反彈都讓你誤以為要起漲，買進後又跌，如同成語有云：「一鼓作氣、再而衰、三而竭。」典故源於曹劌打敗齊軍，魯莊公問怎麼那麼厲害，如何大敗齊軍，曹劌回答：「作戰，靠的是一股氣勢。第一次軍鼓震天，士兵士氣高昂；第二次擂鼓大作，士氣開始衰退；等到第三次就很難激勵士氣。當敵軍士氣耗盡而我軍士氣旺盛，就能戰勝他們。」如同經濟學的「邊際效應遞減」，口渴時喝一杯可樂，最是暢快，第二杯就還好，第三杯就膩了；同樣地，期待漲卻沒漲還下跌，連續幾次，股民信心盡失，到最後人心潰散，在最低點停損。

不管下跌幾次，接近起漲點才算是底部，而且不要以為跌到了起漲點就是好的買點，還要小心是否會持續跌破起漲點，如果投資標的是股票更要小心，因為很多股票就此下市。

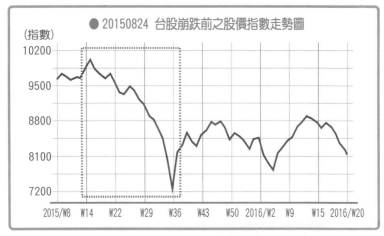

▲ 圖 3-15 20150824 台股崩跌前之股價指數走勢圖

● 加速趕底

　　有點像是一個圓的右上半四分之一，原本是緩步下跌，逐步快速下跌。如上圖 3-15 紅色框的部分（週線），最高為 2015 年 4 月 28 日曾經來到當日最高的 10,014.28 點，一路下殺 2015 年 8 月 24 日，最低來到 7,203.07 點，拉了根「長長的下引線」，代表在這個點位有比較強的買盤進駐。（如上圖 3-15）

　　跌回起漲點，對於泡沫而言，如同啤酒上方的泡沫一樣，將泡沫舀出杯中，才知道到底有多少啤酒；所以當炒股結束之後，股價應該會回到起漲點，或者說是當時應該有的價值位置[7]。

● 悲觀情緒出現

2007 年 10 月，上證指數（SHI）最高來到了 6,124 點，歷經了多年的震盪下跌，2013 年間又回到了 2,000 點以下，於 1,800 至 2,000 點間盤整。當時市場上一片悲觀情緒，跌了、再跌、又三跌，如下圖的箭頭與框框處，正所謂「行情總在悲觀中落底」，長達 5 年多的大跌走勢，把所有投資人的信心都澆熄了，大陸股市成為多數投資人不願意花錢買的東西。（如下圖 3-16）

低點，通常都會出現讓人窒息的氣氛。

低點的特徵值就是負面消息不斷，才會比較接近落底；一直都是好消息，除非自然災難，否則通常不會出現低點。基金如果剛好買在下坡，多空論點還在交戰，就要有長抱的準備，投資比氣長，等帶微笑曲線的成長波。

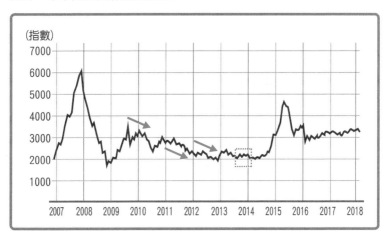

▲ 圖 3-16 2007-2018 年 上海證券交易所股價指數走勢圖

● 專家在低檔通常會有什麼反應呢？

專家總是會強調自己老早就提出警告，來顯現自己的準確度，事實上是專家每次都提出多空的模糊說法，或者是有些主張是多，有些主張是空，等到事實發生後，無論是多還是空，都可以說自己以前曾經說過。

綜合整理底部之特徵，常會出現下列內容，但不代表每個項目都會出現：

底部特徵	內容說明
大多數專家	悲觀，預期未來更慘
政府	鼓舞士氣、暗示資金進場、說明改革未來前景均無效後，拿出絕招（譬如日本三支箭的印鈔、中國大陸的滬港通）
散戶	融資降低、小市民回歸正常工作、餐廳生意清淡、股票不再是主要聊天話題
投資書籍	不再是必讀的經典，宗教心靈類比較暢銷

● 重新檢視「價格＜價值」

當專家不斷在媒體釋放出各種嚇人的質疑，散戶投資人更如驚弓之鳥，需求凍結而價格當然會盪到谷底，此時就是一個很好切入的時間點，要積極地重新審視投資標的之真正價值，是否已經「價格＜價值」？最好是價格遠遠低於價值；如果是，就是購入的良機。

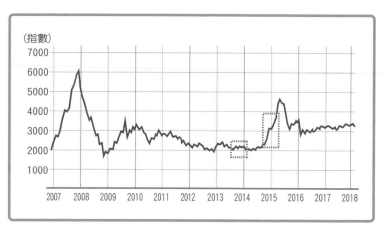

▲ 圖 3-17 2007-2018 年 上海證券交易所股價指數走勢圖

2013 年 6 月間，當時個人覺得對於中國大陸的投資人信心已經差不多崩潰，所以在臉書玩一個小小的投資遊戲，投資上海股市 2013 年 7 月至 2014 年 2 月，看看投資績效如何？

一開始確實有上漲，但後來在 2014 年 2 月又回跌回來（如上圖左邊第一個框框），現在看起來只是一個小抖動，但當時卻感覺價格波動很大，又跌回來的結果確實令人沮喪，原本預期 8 個月就可以反彈賺錢，卻完全不如預期；當時有一個錯誤的認知，就是誤以為反彈會很快發生，而且低點反彈之後不會再下跌。

不過，雖然再次遇到了低點，既然是低點，當時也沒有出脫，而是持續扣款；隔沒幾個月，2014 年 4 月 10 日，中國國務院總理李克強在博鰲論壇上發表演講，指出將建立上海與香港股票市場交易互聯互通機制，同（2014）年 11 月，大陸滬港通政策正式上路，整個股市才有噴出的表現，一直上漲到 2015 年 6 月最高來到 5,178 點。（參考上圖 3-17）

但當時我自己的修練也不夠，很多都只是漲一點就賣掉，一直到 2015 年 2 月底就全數清空，當時大約是 3,200 點上下，由於

低檔震盪讓自己信心不斷動搖，稍有反彈就賣掉，整體來說只賺了 20%。

不過這一次與前面日本、中東相比，比較忍得住，而且還能慢慢賣、持續扣，整體操作技巧與心理素質上已經有長足的進步，成為下一次投資俄羅斯的基礎。

至於 2018 年之後，MSCI 納入中國 A 股，代表著中國大陸的股票市場從封閉到逐漸對全世界開放，位階已經不是以早期的 2,000 點，也不是金融海嘯的 1,600 點來看待[8]，初步來說加個兩成來評價是比較合理的，也就是 2,400 點如果是可以開始投資的低點，當你的基金、ETF 一路跌到這邊，你是否還能心如止水。如果真的來到了 2,400 點，你是否願意加碼扣款？如果願意，你的資金是否足以應付？還是口袋空空，乾瞪眼。

● 低點吃貨

因為大家都知道低點要加扣，但問題是低點來到時，內心已經忘記當初所學到的知識，停扣是很常見的行為，甚至嚇到想要逃離這個市場。

當一堆負面新聞出現的時候，一般人內心非常害怕，但是對於定期投資的朋友來說，嘴角應該是微笑的，因為有機會可以用更低的金額買到更多的單位。很多人之所以沒有微笑，是因為高點的時候進了過多的部位、低點的時候不敢進場，或者是已經沒有資金可以進場了。

如果進入明顯的低點，就要開始單筆或是定期定額的吃貨買入。很多人喜歡一買就漲的感覺，會讓自己感到很厲害，但一買就漲，如果是一次買滿那真是棒，可是通常都只有買一點點，賺不到多少錢，只剩下形式上的好準、好棒棒，實際上也沒什麼實

質意義。最好的方式應該是「微笑曲線」，一開始不要想大賺，反而是要繼續跌或大跌，至少也是長期走平，然後在低檔依據持續買進，然後進入微笑曲線的後半段，逐步上揚，才是遇到泡沫破掉的低點時理想操作方式。

註 1 【IPython 策略研究】對數週期冪率 (LPPL) 模型－預測市場泡沫，https://www.ricequant.com/community/topic/427/。

註 2 Didier Sornette 談如何預測下一場金融危機，http://www2.myoops.org/main.php?act=course&id=2525。

註 3 ……he understood his emotional weakness, and he planned ahead for his moments of vulnerability……，參考 Richard L. Peterson, Trading on Sentiment。

註 4 消費者貸款及建築貸款餘額，http://www.cbc.gov.tw/ct.asp?xItem=1078&CtNode=526&mp=1。

註 5 對數週期冪次法則 (log-periodic power law, LPPL)，預測市場泡沫，https://xueqiu.com/7381621247/63471442。

註 6 李春安、顏惠貞，正向回饋交易與股市崩盤，中華管理評論國際學報，http://cmr.ba.ouhk.edu.hk/cmr/webjournal/v12n2/CMR187C07.pdf。

註 7 可能因為公司體質的改變，使得企業的價值變好或變差，或者是有減資、增資的情況，都不一定會回到原本的起漲點。

註 8 2018 年 10 越 18 日首次跌破 2,500 點，收盤為 2,486 點。

災難後等待3到6個月

《等待災難負面效應發酵》

● 高鐵逐漸取代台鐵

這一章節是延續著前文曾經提到「如果投資重大事件的等待期」，並以我個人的失敗經驗為例，說明為何會提出這一個概念。

很多人看到壞消息一出現，就急著想要衝入買進，屬於前文所提的接刀；孔子的大弟子顏回，最有名的就是不貳過，是指同樣的錯誤不犯第二次，看來我是沒機會當孔子的大弟子，因為光是接刀這件事情就不知道重複做過幾次。

要如何看到一起突發事件？

高鐵蓋好之後，是否影響到台鐵的營運？一開始並不會，因為大家覺得搭高鐵太貴了，所以寧願搭比較慢的台鐵。結果高鐵只好稍微降價，先讓人們習慣從台北到高雄最快大約只要1個半小時，又乾淨又舒服；人們一開始搭高鐵，只是說服自己偶爾要對自己好一點，沒想到搭個幾次就回不去了，自強號行車時間目前最快也要近4個半小時，即便是普悠瑪號只還要3小時40分，長途搭車實在是非常辛勞，自然就寧願多花些錢搭高鐵，然後安慰自己時間就是金錢。

過去我常靠信用卡升等的方式搭商務艙，雖然多花了相當於290元的價格，卻可以多一個位子放包包，還有咖啡、點心、報紙，

甚至有附耳機可以聽音樂，還有插座可以充電，即使忘了帶充電線還可以向服務員借用，CP 值非常高。

可是在 2017 年初的時候，隔壁的位子常常坐滿，不再能享受一張車票兩個位子的快感；對於這項微小的變化，我嗅到了賺錢的機會，馬上看了財報，盤算了一下高鐵的營收，每次搭高鐵就仔細看載客率，結果發現成長幅度相當驚人，2018 年的時候發現班次增加不少，而且很多人購買月票，將高鐵當作上下班的交通車，經常看到上下班時段的自由座車廂都是滿滿的人潮，到了新竹、台中則紛紛下車，還有很多出國的旅客，到了桃園站再轉搭機場捷運到機場。

經過多年的發酵，人們已經習慣於高鐵飛快的速度，還有即使漲價的高鐵也不再受到排斥，所以一個事件到底會有什麼改變，有時候很難在第一時間下定論，還必須要經過漫長的發酵期才能得到一個比較確切的結果。換言之，一起事件對股市是否產生負面效應尚未確定，股市一開始的反應通常很小，往往沒什麼下跌，不明究理的投資人誤以為不會有事，這時候很可能買在相對高點。

● 中東茉莉花革命

中東茉莉花革命，算是我第一次災難投資法的經驗，從事後回推算是預測成功，可是整個投資的時間點與停利點，卻有非常多可以檢討的地方。對於中東、北非這一帶的國家，台灣因為距離遙遠，宗教上也不太相同，所以算是相當陌生。我有幸曾經於 2007 年赴沙烏地阿拉伯參加研討會，在當地朋友的介紹之下，才慢慢對於中東有了粗淺的認識。

當時前往同事位於外交特區的住家，覺得路怎麼不是直直地開，而是有點像是機場下飛機後要去海關查驗證照出關，長長的

隊伍左彎又右彎，一層一層的路徑，問了一下同事原委，才知道當地恐怖主義盛行，有很多衝撞的自殺炸彈客，所以路不能是直的，而必須彎來彎去，以防止自殺炸彈客直接駕車闖入；聽得我正驚恐，同事又指著住家社區的外圍架著一挺很大的機槍，那是防止恐怖攻擊的防衛性武器。

不過在那個年代，雖然中東有著許多內部的問題，但因為生產石油非常有錢，很多人民不滿的情緒用錢就壓了下去。只是有很多問題一旦爆發，就如同滾雪球般地產生了連鎖反應；2010年底至2011年初，從突尼西亞發起的茉莉花革命延伸出來的阿拉伯之春，許多看似不可能被動搖的中東國家政權居然遭民眾推翻，局勢一片亂糟糟：

① 2011年1月14日（星期一），突尼西亞總統班‧阿里採取一系列措施後，於當晚離開突尼西亞流亡至沙烏地阿拉伯。

② 2011年1月25日，埃及政府開始發生抗爭，而在2月11日（星期五），埃及政府垮台。

③ 2011年1月27日，葉門政府開始發生抗爭，2月27日，葉門政府垮台。

④ 2011年2月15日，利比亞政府開始發生抗爭，8月23日，利比亞政府垮台。

⑤ 2011年3月11日，沙烏地阿拉伯也發生抗爭。

⑥ 2011年5月15日，連以色列也於發生抗爭。

當時我看到中東的動亂覺得是個好機會，急忙在同（2011）年2月14日開始定期不定額購買摩根中東基金，距離事件一開始的1月中旬，相隔不過1個月，非常想要賺錢的渴望讓自己選擇急躁進場，馬上就每個月扣款2-3次，每次金額約6,000至8,000元不等，以當時我的財力來說算是相當大筆的投資。（如次頁圖）

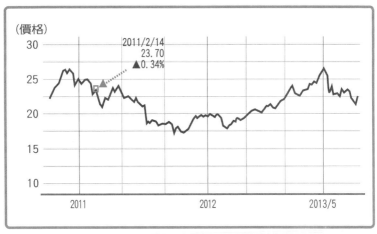

▲ 圖 3-18 2010-2013 年 摩根中東基金歷史淨值走勢圖

　　如上圖 3-18，標記處是一開始的切入點，切入點太早是一個錯誤，加上很急躁用最大量開始定期不定額扣款，在相對高價的時候買了不少單位的基金，雖然還是屬於「微笑曲線」，但切入點太早使得平均成本偏高，加上經驗不足，下跌又影響自己的信心，導致底部稍有反彈就賣出，影響最後的獲利率。

　　災難發生後，應該在 3 至 6 個月等待災難的負面效應發酵後再行投入。

《贖回點太早》

　　本來關於贖回點的部分，應該放在第四篇「停利篇」中討論，可是為了讓中東茉莉花事件的投資比較有連貫性的敘述，所以接著討論這一次的投資，閱讀思緒上比較能連貫。

　　如前所述，我在中東一開始就選擇了較高的買進點，而且馬上就投入較大的資金，使得許多購買基金的單位價格過高，而不

是在絕對低點時才大量吃貨，導致整體的平均成本偏高，當整體盤勢真正跌落到谷底之際，看著帳面上的損失，內心會飽受煎熬，修練不夠的自己很容易慘遭脆弱人性的毒手。

我於 2012 年 8 月 7 日開始第一次贖回，如下圖 3–19，這一次贖回的位置離底部不遠，以我現在的操作實力來看，根本不可能在最低點的位置贖回。為什麼會在底部賣出呢？主因是低點的第一次反彈，是在 2012 年初，從底部 17.79 元開始小反彈，同年 5 月初又開始下跌至與最低點相去不遠的 18.57 元（紅色框框的區間，高點大約是 20.52 元）。這一個區間的高點之所以沒有選擇賣出，畢竟平均成本還是稍微高過於第一次的反彈價位，賣了可是會賠錢，可是又跌下去，這一跌讓自己產生一種想法「如果第一次反彈的高點賣出，現在帳面上也可以少損失個 15%」，這一個念頭醞釀下一次反彈時就要賣出的錯誤決擇。

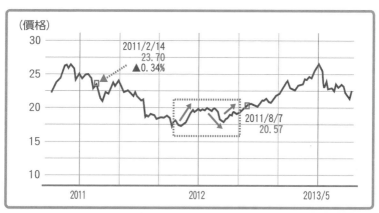

▲ 圖 3-19 2010-2013 年 摩根中東基金歷史淨值走勢圖

這一次上漲又下跌，現在回頭看很短暫，可是在當時卻是非常漫長，相同的念頭不斷湧上心裡，每一天對自己都是折磨，一次又一次地刻畫在大腦的細胞中。所以當第二次再度反彈到原本

第一次的位置時，大腦告訴自己顏回不貳過才有可能當孔子的大弟子，這一次要好好把握機會，少賠就是賺，於是乎就進行了一次錯誤的賣出，這一筆小賠收場，也拉低未來的獲利率。

　　第一個賣點價格大約在 20.57 元左右，相較與最低點 17.79元來說，只高出了大約 16%，扣除掉基金成本，加上許多購入成本遠高於此，第一次賣出的實際報酬率算是小賠收場。這種賣出法可以稱之為「比較出脫法」，就是曾經有一次不錯的賣出機會，但是錯失了良機，下一次類似的點位又出現，這時候人性就會避免機會再次失去，而在與上次機會相同的位階或稍微高的位階就賣出，這種順著人性的操作方式，通常會造成獲利率的降低。

　　接著隨著基金淨值上揚陸續出脫，算是分批平均的賣法，想著反正之前都已經賣了，現在賣至少比之前還多賺一些，如果又跌回來豈不可惜；這些賣點很少出現突然衝高的現象，最後，於2013 年 4 月 26 日結清這一筆還勉強可以算是突然衝高的點，只是賣完之後就沒有單位數了，更沒有續扣款，使得後面還有一段漲幅未能參與，整個投資的時間不到 2 年半。（參照下圖 3-20）

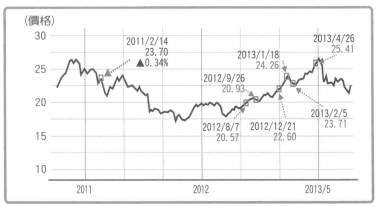

▲ 圖 3-20 2010-2013 年 摩根中東基金歷史淨值走勢圖

從我這一次的災難投資法中可以看到很多缺點，最大的一個缺點就是買進點太高，看到市場上的風吹草動就急於搶入，結果最後結論雖然還是賺錢，但從賣出點來看，很多賣出的價格是低於一開始的買進點，也拉低了整體報酬率。

簡單來說，這次檢討的重點除了買點過高，賣點過低之外，一下跌就開始大量買進，而不是逐漸愈買愈多，一反彈又開始平均賣，而不是只抓突然走高的點位才賣一些。

參照次頁圖 3-21，理想買進點的位置應該是紅色圓弧的絕對低點，而賣出的位置應該是相對高點；但實際操作時往往卻又如灰色圓弧般事與願違，在高點時就開始買進，底部一反彈又開始平均賣出，都會大幅度降低報酬率。

這一次中東茉莉花革命的操作經驗成為未來災難投資法的重要基礎，這一些錯誤是事後不斷思考為何會在這個點位買進賣出，參照一些大腦運作、行為經濟學的書，才慢慢地發現自己買賣行為的原因，時至今日已經算是逐步檢討修正，將可能發生的人性弱點降到最低。

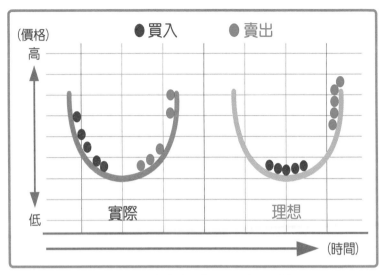

▲ 圖 3-21 理想與實際的買入 / 賣出關係圖

尋找適合的工具

《ETF 與基金》

被動投資策略，符合一個國家股市走勢的工具，例如上海綜合指數來到 1,800 至 2,000 點，離金融海嘯的 1,600 點相去不遠；如果以台股來比喻，相當於台股 3、4,000 點的位置。這種方式屬於歷史價格比較法，簡單但是不太精準，還可以參酌本益比、EPS 等，來調整對於此一市場的評價。

經過考量後，如果想要投資上海股市，要遠赴大陸買特定股票？還是台灣現有工具可以操作呢？

我建議選擇後者，可以挑選以上海股市為標的基金或 ETF。不過，有一個很重要的概念，要挑選「關聯性」高的股票，比較細膩的投資者，可以將基金或 ETF 的價位與上海股市的指數進行關聯性分析，以 EXCEL 來說，就是 CORREL 函數。

我當年投資上海綜合指數時，主要挑選摩根中國基金、ETF 0061 為操作標的。當時滬港通的關係，大陸上海股市有不錯的表現，可是摩根中國基金卻沒有相對應的漲幅，後來才發現該檔中國基金並不是投資核心權重的持股，而是投資在特定領域，所以當上證指數漲的時候，因為該基金持股標的未必受惠於滬港通，導致兩者關聯性不夠高，摩根中國基金未必會漲那麼多，這也是一個投資的經驗。

　　中東茉莉花革命時，我當時選擇了摩根中東基金，當時持有的十大基金如下：

編號	英文	中文與所屬地區	占比
1	Al Rajhi Bank	（沙烏地阿拉伯）	10.13%
2	Saudi Basic Industries Corp	沙基工業股份公司 （沙烏地阿拉伯）	8.78%
3	The National Commercial Bank	國家商業銀行 （沙烏地阿拉伯）	6.23%
4	First Abu Dhabi Bank PJSC	（阿聯阿布達比）	5.52%
5	National Bank of Kuwait SAK	科威特國民銀行 （科威特）	5.25%
6	Samba Financial Group	沙美金融集團 （沙烏地阿拉伯）	4.78%
7	Alinma Bank	（沙烏地阿拉伯）	4.57%
8	Almarai Co	（沙烏地阿拉伯）	4.15%
9	Saudi Telecom Co	沙烏地電信公司 （沙烏地阿拉伯）	3.63%
10	Mouwasat Medical Services Co	（沙烏地阿拉伯）	3.28%

　　上開基金主要持股以沙烏地阿拉伯為主，因為沙烏地阿拉伯也是這一波動亂的影響國，因此可以購買此一基金作為操作工具。因為當時國內可選擇的工具不多，即使沒有擴及許多中東國家，但想要投資中東，就只能以此為主了。

投資基金一定要看投資組合，譬如說因為「茉莉花革命」而投資中東，買了一檔 XX 中東基金，實質內容都沒有看，投資 2、3 年之後，感覺這一檔基金與茉莉花革命的走勢並不相符，屆時才查這檔基金的投資組合，仔細一看才發現投資組合是以色列、黎巴嫩、伊朗。

日本 311 地震，因為日本基金的選擇性對比下較多，就沒有挑不到合適基金的困擾；中國的投資也是一樣，以目前多樣化的基金、ETF 來看，這個問題並不是問題；至於俄羅斯於 2014 年底、2016 年初分別遭遇極大的波動，當時也是透過摩根俄羅斯基金進行投資，雖然基金成本比較高，但只要災難投資法操作得宜，有不錯的獲利，稍微高的成本也是可以接受。

其次，如果找不到適合的工具，例如想要投資希臘，國內並沒有專屬希臘的選項，這時候可以採行複委託的方式，或者是透過一些國際基金平台操作海外基金或 ETF，或者是找尋南歐範圍的基金，看是否有包含投資希臘為標的之工具。

《挑選規模大的基金》

有聽過基金清算嗎？基金清算主要是指基金公司不再針對此一基金進行操作，然後把基金淨值計算清楚後再把錢還給投資人。其次，為什麼基金公司不再操作此一基金呢？大部分的原因是因為基金規模變小，難以支付相關成本，像是基金經理人的薪資非常高，還有很多固定人事管銷的成本，如果基金規模太小，乘以一定趴數的管理成本還是不足以支應時，就會選擇清算這一檔基金。

災難投資法專門針對價格崩跌的標的，市場處於悲觀狀態，因此選擇基金要特別小心，因為當投資人四散奔逃之際，許多人

會大量贖回基金以換取現金，這時候基金規模就會變小。

試想看看，災難投資法的時間長達 2 年以上，如果投資到第 3 年，眼見整個市場有反轉的跡象，正準備享受獲利成果的時候，基金公司通知你要清算、拍手解散，這可就尷尬了，臨時要去哪邊找合適的基金呢？況且清算的基金要拿到錢，通常還要很久以後，對於小資族而言，很難再拿出另外一筆錢出來投資基金，煮熟的鴨子可能就此飛了。

因此，個人偏好規模大、品牌形象良好的基金。以下來舉以下幾檔基金：

基金名稱	基金規模
摩根美國企業成長基金	496 百萬美元
富達南歐基金	602 百萬美元
宏利環球基金－新興東歐基金 AA 股	86 百萬美元
富蘭克林華美第一富基金	686 百萬美元
摩根新興中東基金（美元）	127 百萬美元

《定期定額等交易方式》

●偏好定期不定額拉低成本

一般來說比較常用的操作方式有三種：單筆、定期定額、定期不定額，可以適用在 ETF 與基金。一般投資人比較習慣與熟悉的是定期定額投資，是指在一定日期投入指定金額，譬如說每月 1 日投資 XX 基金 5,000 元，基金公司就會在指定日期以當時的匯率基金價格來購買單位數，目前幾乎都可以透過網路介面完成交易，非常方便。

類型	內容	使用時機
定期定額	一定日期投入指定金額	不確定是否低點，以長時間買進降低買入成本
定期不定額	一定日期投入指定金額後，漲愈多買愈少，跌愈多買愈多，例如每跌 10%加買 10%的金額	透過高檔少買、低檔多買的方式，拉低購入成本
單筆	一定日期投入較大的一筆金額	比較確定低點的時候買入

問題在於該如何讓自己不必看盤，一樣可以進行投資操作，個人覺得「定期自動扣款」投資是一個不錯的投資工具，無論是定期定額或定期不定額均可，而筆者比較偏好定期不定額的方式，可以避免過度貼近市場而頻繁交易，也可以高點買比較少、低點買比較多，有效拉低購入成本。

《切入俄羅斯》

2014 年 3 月 18 日，國際承認原本屬於烏克蘭領土的克里米亞被併入了俄羅斯聯邦，隨後歐美國家紛紛給予制裁。2014 年 8 月 12 日，也就是併吞的 5 個月後，開始扣款。當時的股價指數大約 1,200 點，相較於 2012 年 3 月 16 日 1,748.32 點而言，大約下滑了 30%；如果與 2008 年 4 月 30 日的高點 2,459.88 點來比較，則下跌了大約 50%。（如右頁圖 3-22）

如果以台股指數來想像，9,000 點下滑 30%來到了 6,300 點；如果下跌 50%，則是來到了 4,500 點，與 3,955 不是很相近嗎？所以一開始在 1,200 點定期不定額倒是不錯的選擇，不太確定有沒有更低點，反正這些占領其他國家的事情，恐怕還有一陣子才會告個段落，還可以扣一段時間。

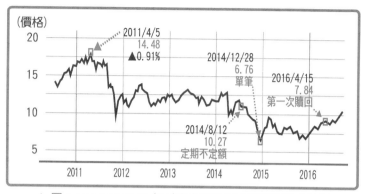

▲ 圖 3-22 2010-2016 年 摩根俄羅斯基金歷史淨值走勢圖

沒想到大約就在開始扣款的時候，2014 年 8 月初，國際油價開始從百元開始下滑（如下圖 3-23），8 月 12 日還有 95.54 元；沒想到愈跌愈快，2015 年 12 月 16 日，油價已經跌到了 55.97 元，可以說是腰斬。

當天俄羅斯股市來到 629.15 點，盤中還曾經跌破 600 點關卡，相當於台股跌到 2,500 點。當天晚上也正是我決定切入基金之日，並於隔（17）天申購，12 月 18 日以單筆購入。當時股市暴跌、匯率快速且大幅貶值、利率暴增，現在事後回頭看災難投資法的三

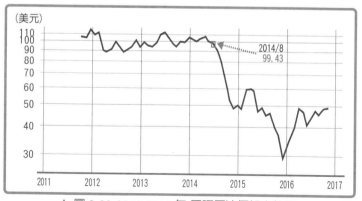

▲ 圖 3-23 2012-2016 年 國際原油價格走勢圖

大標準,算是正確的單筆切入時間點。

從俄羅斯的操作過程來檢視,災難發生時過了將近半年開始定期不定額扣款,並且等到恐慌低點進行單筆切入,改進當時中東基金一發生事情就接刀的缺點;而在第一次反彈的相對高點處進行第一次贖回,讓帳戶內有足夠的資金等待再次下跌的買入機會,事後來看都是正確的決定。

從中東、日本、中國,再到俄羅斯,經過了將近 8 年的災難投資法,逐漸修正人性的的弱點,有以下的成長:

①讓自己能夠在接近絕對低點,而不是相對低點的點位買進。

②開始扣款後,並不會擔心持續下跌的走勢,反而高興能在低點買進更多單位數。

③透過定期不定額的操作方式,強迫自己買進,避免大腦因為價格波動而不敢買進。

④透過泡沫型態學的概念,在符合一定條件的暴漲時適度賣出,符合一定條件的暴跌時再加碼買進,讓有限的資金能夠發揮更大的效益。(在下一章停利篇會更詳細地說明)

停利篇

日本311地震的災難投資

日本 311 地震事件發生於 2011 年 3 月 11 日（五）14 時 46 分 18 秒許，而日本股市 2011 年 1 月至 2013 年 10 月的股市走勢圖中（如下圖 4-1），311 地震發生的時間大約是左邊第一個箭頭，股市的低點大約是在 2011 年 11 月才見到低點（左邊第二個箭頭），接著反彈向上，2012 年 3 月又跌下來，同年 5 月再見低點；後來 2012 年 12 月安倍晉三上任實施三支箭，也就開啓了日本股市上揚的走勢。

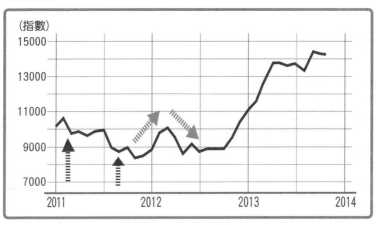

▲ 圖 4-1 2011-2013 年 日本股市股價指數走勢圖

我開始的投資點是 3 月 16 日，相較於中東投資是在事發的 1 個月之後，這次只有幾天就出手了，不過無論是中東那一次投資，或者是這一次的日本投資，有關於災難投資法的概念都還是一個

初步的想法，因次很容易出現接刀的行為，還未建立等待 3 至 6 個月後再行投資的原則。

　　我透過富達太平洋基金當作投資日本的工具，其淨值走勢圖（如下圖 4-2），大致上與日本股市的走勢相當，其中左邊第二個圓圈是第一次投資的位置，顯然還是偏高，還要再歷經了大約 6 個月，到 2011 年的 10 月才見到該基金淨值的低點。

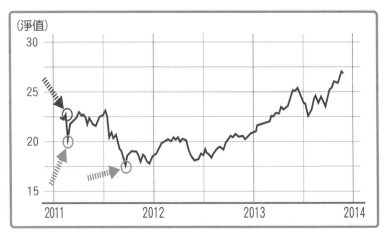

▲ 圖 4-2 2011-2013 年 富達日本基金走勢圖

　　雖然一開始切入時的價位偏高，不過透過「定期不定額」的方式，依舊將平均購買基金的成本壓低了不少；其次，因為當時氣氛相當低迷，股市大概是 8,000 至 10,000 點之間盤整，沒有明顯暴跌，所以並未有單筆投資。

　　只是第一次買的價格偏高，往後的操作就容易失利，個人檢討原因，主要是因為買的價格偏高，在「微笑投資」法往下走的過程，必須忍受一定時間的帳面損失，長期壓力下，當一有反彈的時候，會馬上賣出以達到釋放壓力的動作，接下來看日本投資經驗的賣出過程。

因為富達日本基金走勢圖與日本股市大致相當，所以賣出點就以日本股市走勢圖來顯示（如下圖 4-3），箭頭是第一次的買進點，紅點則是分批贖回點，個別的投資報酬率從 0.32 至 22.01%，平均則為 10.67%。

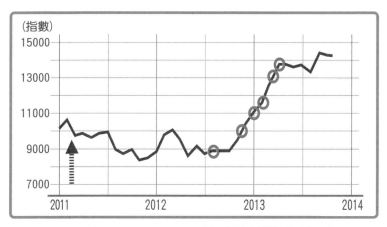

▲ 圖 4-3 2011-2013 年 日本股市股價指數走勢圖

如上圖所示，第一次的贖回點實在是太低了，主要的原因是犯了與中東投資一樣的毛病，請參考第 183 頁「贖回點太早」；當看到落底後的反彈彈起，沒賣到反彈高點又跌了回來，只要再彈起來一次，為了避免再犯同樣的錯誤，就會在這邊進行贖回，這也是第一次贖回的位置這麼低的原因。

不過後來因為日本首相安倍晉三實施三支箭的政策，股市快速飆漲，因此賣得點位都還算不錯，最後在 14,000 點完賣，算是有個不錯的結果。雖然今日來看日本股是 20,000 點以上，似乎還是只在半山腰不到就清空，仍然有一些檢討的空間。

以下將中東與日本投資的經驗，列表如右：

投資內容	中東投資	日本投資
有無單筆	無	無
投資方式	定期不定額	定期不定額
投資原因	茉莉花革命	311 地震
第一次投資時間	1 個月後	5 天後
第一次贖回時間	1 年 7 個月後	1 年 7 個月後
投資期間	2011/2/14-2013/4/26 共 26 個月	2011/3/16-2013/4/26 共 25 個月
總報酬率	11.69%	10.67%
缺點	尚未跌到低點就開始投資 / 太早開始贖回	尚未跌到低點就開始投資 / 太早開始贖回

中國2,000點的災難投資

先回憶一下本書於第 53 頁「南海泡沫談泡沫的特徵值」提到了下列內容：

如下圖 4-4，大陸股市從最高 6,124 點一路下殺，2008 年 10 月見到 1,664.93 的低點，隨即有一次大的反彈，反彈期間的相對成交量頗大，但是反彈到 3,478 點的高點還是無以為繼，接著繼續落底；接著陸續有幾次反彈，但都愈走愈低，2013 年 6 月來到了 1849.65 點，信心盡失，成交量也出現相對低量。

我當時選擇了元大寶滬深（0061）以及摩根中國基金進行投資，從 2011 年 5 月開始，如下圖左邊第一個箭頭處進行基金的投資，接著在右邊的箭頭處，也就是 2013 年 7 月開始進行 ETF 基金的加碼。

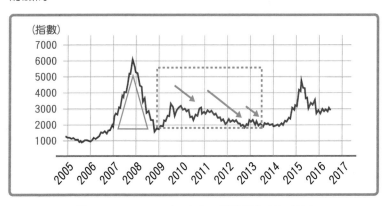

▲ 圖 4-4 2005-2016 年 中國上證股票指數趨勢圖

讓我們來看看這一次基金投入的始點，以及買進的區間點，大部分都是在 1,800 至 2,200 點之間，已經大幅度改進中東與日本投資過早切入的缺點，而且大部分的贖回點都是在相對高點，也就是 3,000 至 3,500 點之間，參考下圖 4-5：（僅註記基金的部分，不包括 ETF）

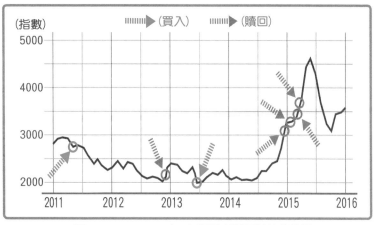

▲ 圖 4-5 2011-2016 年 上海股市股價指數走勢圖

雖然投資技巧也大幅度修正，像是相對高檔的時候 1 個月只扣款一次，2013 年 1 月開始增加為兩次，使得不只是定期不定額可以降低成本，加上低檔區所購入的單位數又增加，大幅度降低整體成本。（當時低檔還有加碼 ETF）

除了採用定期不定額的策略，強迫自己在低檔買進的單位數增加，還搭配上扣款次數增加，只要在自己資金許可的情況下，讓低檔可以買進更多的單位數；綜上，「定期不定額」與「低檔增加扣款次數」是增加獲利的關鍵技巧。

以下將中東、日本與中國投資的經驗，列表如下：

投資內容	中東	日本	中國
有無單筆	無	無	無
投資方式	定期不定額	定期不定額	定期不定額、搭配每月定期定額買入 ETF
投資原因	茉莉花革命	311 地震	股市泡沫破滅
第一次投資	1 個月後	5 天後	基金相對低點 ETF 加碼的區間幾乎最低點
第一次贖回	1 年又 7 個月	1 年又 7 個月	1 年 8 個月 贖回位置在相對高點
投資期間	2011/2/14-2013/4/26 共 26 個月	2011/3/16-2013/4/26 共 25 個月	2011/5/12-2015/2/25 共 45 個月
總報酬率	11.69%	10.67%	20.14%
缺點	還沒跌到低點就開始投資，太早開始贖回	還沒跌到低點就開始投資，太早開始贖回	選擇基金與上證走勢其關聯性不高

本次中國投資還是有一些比較可惜的地方：

①增加底部扣款次數：看好的標的應該要增加扣款數，從高檔兩次，低檔可以加扣三到四次，本次雖有增加次數，但在低檔的壓力下，增加次數仍顯不足。

②投資工具關聯性低：選擇的基金未能與上證指數的走勢相符，當上證股市漲了 70%，但基金淨值只增加了 40%。

③贖回比例的修正：一開始投資的贖回金額比例應該要低一些，回頭檢視這三次投資，通常起漲之初換回的比例會比較高，等到真正拉高之後，沒剩下多少單位可以贖回。因此，應該是隨

著漲幅愈來愈高，贖回的比例才要逐漸拉高，例如5％、10％、10％、20％、20％、30％；中東與中國都有發生落底後，第一次反彈又落底，贖回比例居然高達 20％，此一缺點在未來投資時必須修正。

資金有限，高賣低進

投資朋友或許會問，可不可以抱緊到真正的高點再來賣，這樣子的報酬率不是更高嗎？

災難投資法的投資時間比較長。

像是中國股市從 6,000 點的泡沫破滅，跌到低點花了 5 年半，即便是重大天然災害、政變，事故一發生後，還是會經過半年左右的發酵，例如日本 311 地震、中東茉莉花革命，也是半年後來到低點；如果災難因素消除，還會有一段蠻長的震盪復甦期，所以通常至少要再經過 1 年以上，往往也要靠政府的政策拉抬才能翻揚向上；換言之，假設在事件發生後的低點投入，投資期程必須經歷震盪復甦期，至少要 1 年半以上；如果是災難剛發生就開始投資，則是「下跌至低點時期」的半年加上「震盪復甦期」的 1 年半，加起來即有 2 年的歲月。

實際操作的經驗，災難投資法通常要 2 年以上，3 年、5 年也是相對正常。一般小資族要把一筆 50 萬資金長期壓在一個沒有具體回報的投資標的上，在資金操作上會比較有壓力，因此不要等到真正的目標點出現才賣，否則累積壓力過大，最後挑了個不好的賣點，不僅耗費很長時間，還花了很多精力，更沒賺多少錢。

再以俄羅斯為例，於 2014 年 12 月 16 日最低來到 578.21，但很快就反彈了，所以最早的切入點是在 750 左右，目標設定在 1,250，如次頁圖 4-6，一直到了 2018 年 2 月 12 日，也就是大約 4 年後，才正式突破 1,250 點，來到了 1,261.07。

假設每個月定期不定額 1.5 萬元，4 年後大概就投入 72 萬元，加上 2014 年 12 月、2016 年 2 月投入單筆各 15 萬元，就高達 102 萬元，這對一位小資族來說，資金壓力不可謂不大。

如果你的閒置資金很充足，那當然沒有問題，但許多朋友很難把數十萬、上百萬的資金投入一個標的，而且時間長達 2.5 年以上才能看到報酬，因此透過適度的「高低檔價差操作」，讓有限的資金可以更彈性地操作。

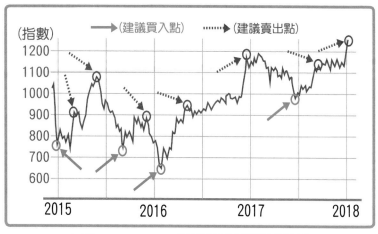

▲ 圖 4-6 2015-2018 年 俄羅斯股價指數趨勢圖

災難投資法的投資標的類似病情嚴重的重症患者，價格來到低點時，要反彈也不會一次到位，會呈現波動的狀況。從歷史的操作經驗來看，來到最低點的時候會有一個反彈，如上圖黑圈，可以在 900 點、1,100 點、1,250 點等泡沫走勢時，分批賣掉不等的比例。

如前頁圖，箭頭所示色圈部分是「暴跌」型態，也是可以利用單筆買進的地方，當再次回到當初買進價位時，甚至低點接近原本的低點時，都適合買入較大筆的金額，換取更多的單位數，搭配持續定時不定額扣款。

由於大部分的投資人資金不夠，長時間持續投入資金，可能投入到一半就沒錢扣款，甚至在低點的時候不再續扣，那可是非常可惜，所以只要有短暫時間快速「暴漲」的現象出現時，就可以酌量賣出，例如賣出單位數的 10%，如前頁圖 4-6 的虛線箭頭所指的圓圈都是不錯的賣點，可以分批賣出。

賣出後獲得的金額可以讓自己持續扣款，尤其是短暫時間快速暴漲的點位，如果投資標的的本質沒變，通常還會跌回原本的價位，把賣出的資金定期不定額續扣，可以讓自己賺錢之後再繼續用相對低的成本買進單位數，這種投資方法如前文稱為「高低檔價差操作」。

舉個實際例子，例如已經投入 100 萬的資金，指數從 750 點開始上漲，愈漲愈快，已經來到了 1,100 點，可以先賣出 10、20 萬元，如果定期不定額每個月約 2 萬元，則這一筆錢還可以再扣款 5 到 10 個月之久。因為當發現泡沫出現的時候，通常會有一個下跌回檔，這一段時間也可能又要花個 3 到 12 個月，或者是更久的時間，就不必因為欠缺資金繼續投入而困擾。

由於一般人性喜歡追高，所以要強迫自己在高點賣出；一般人於低點會讓投資行為急凍，腳麻而不敢買進。暴漲賣出、暴跌買入，屬於一種反人性的投資方法。為了避免到時候真的不敢買進，可以搭配定期不定額的方式，強迫自己定時高檔少買、低檔多買；賣出點比較不必擔心，因為一般人都是設定一定趴數，例如 10%、20%、30%，但有時候會漲到 100%，結果只在 10% 賣

出時會非常可惜，或者是花了 8 年的時間才回到 30%，又會讓資金卡太久。因此學習如何看泡沫的暴漲暴跌，在暴漲的時候賣出，此一標準會比趴數的標準還要好。

　　只要能避開自己的人性操作，反人性勇敢投資，在投資領域上才會賺錢。

跟著人性鼓譟的新聞

《從新聞看噴出點的市場情緒》

「噴高時賣出、暴跌時買進」，說起來簡單，做起來可不容易，一般投資人是反過來操作「小漲會賣，大漲惜售」、「小跌趕緊賣，大跌不敢動」，就像是我在中東與日本發生的問題一樣，到最後趨勢看得完全正確，但獲利卻是少少的 10%。

大約在中國股市投資的那一段時間，也就是 2014 年間，我開始研究泡沫的特徵值，可以參照第 3-3 章節「泡沫的長相」（第 154 頁）中有關於泡沫的論述。最簡單的判斷方式，當你用週線或月線圖看到時間愈短、漲幅愈高，緩升到陡升，在崩盤日之間有大的群集現象，大幅波動圍繞在崩盤日附近 ；而且價格有不錯的上漲，例如 50%，甚至 100%，就可以出脫一定比例的單位數。

其次，也可以透過新聞比對來判斷泡沫是否出現。2018 年 1 月 15 日，我以「股市爆噴的感覺」為題講了一場直播，當天講述 2015 年上證高潮噴出與兩段下跌時的市場氣氛（如右頁圖 4-7）：

5 月 8 日到 6 月 12 日最後一段噴漲，最高來到 5,178.19，這一段期間上漲了幾乎 1,000 點；6 月 12 日到 7 月 9 日第一段下跌，大約 1,800 點，來到了 3,400 點的位置；8 月 17 日到 26 日第二波下殺，稍微彈了上去又下殺，跌破了 3,000 點，高低落差大約 1,200 點。

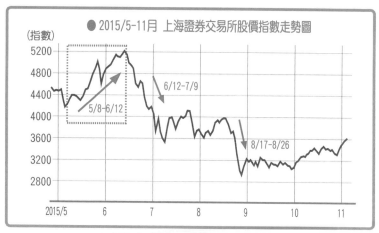

▲ 圖 4-7 2015 年 5-11 月 上海證券交易所股價指數走勢圖

為了瞭解當時的市場氣氛，所以找出噴漲段（上圖框框處）的相關新聞：

新聞類型	相關新聞標題
熱絡的氣氛	滬指黃金交叉本周衝 4,800 (5/24)⋯4,657.6 (5/22) 升勢再起挑戰高點 (6/2)⋯4,910.53 (6/2) 陸股頻創天量還有高點 (6/2)⋯4,910.53 (6/2) 滬股衝破 5,000 關 (6/6)⋯5,023.1 (6/5) Ａ股漲不停本周再攻高點 (6/8)⋯5,131.88 (6/8)
主管機關	人行降息陸股 ETF 歡呼 (5/12)⋯4,401.22 (5/12) 滬深股挫證監會信心喊話 (5/16)⋯4,308.69 (5/15)
利用高名氣來背書	金融時報：做空陸股不聰明 (6/7) ⋯5,023.1 (6/5)

新聞類型	相關新聞標題
遙遠的時間、指數與希望	陸股跌得重彈得高 (6/4)···4,947.10(6/4) 滬指還有高點可期 (6/7) ···5,023.1(6/5) 官媒：陸股將衝破6,124高點 (6/11)···5,121.59(6/11) 陸股評價面未過熱 (6/11)···5,121.59(6/11) 這波牛市會再走3年 (6/11)···5,121.59(6/11)
需求：資金潮	群益中國新機會掌握趨勢 (5/13)···4,375.76(5/13) 投信規模今年來500億元 (5/27)···4,941.71(5/27) 陸股基金買氣破表 (5/29)···4,711.74(5/29) 陸股基金躍亂世英雄 (6/8) ···5,131.88(6/8) 外資布局從存款轉進股市 (6/8) ···5,131.88(6/8) 6.5兆陸企股票質借大增 (6/10)···5,106.04(6/10)
鼓勵有低就買	震盪整理逢低布局 (5/29) ···4,711.74(5/29)
負面消息少	高檔剛解套投資人不急加碼 (5/22)···4,657.6(5/22) 陸股跳水ETF恐補跌 (5/29) ···4,711.74(5/29)

上面最引起我興趣的一則報導是2015年6月7日（星期日）的「金融時報專文：做空陸股不聰明」，看完整篇分析當時的局勢，講得可是頭頭是道，接著還是上揚了5天，12日來到波段最高點，隔週就開始下滑、迄今還未翻身。該篇文章的主要論點如下：

①MSCI將於9日決定是否把中國納入主要指數。

②人民銀行半年來已降息三次，預料還會再降。

③股價高漲，企業可藉發行新股募集資金使股市基本面改善。

④對許多放空陸股或完全退出的外國基金而言，未來可能更痛苦，因股價已不便宜。

雖然現在已經納入了MSCI指數中，但當時9日MSCI給火熱的中國股市澆了一桶冷水、宣布暫不將A股納入MSCI指數，上證指數崩跌，即使是現在納入之後，也不是萬靈丹，大陸股市還是在宣布後持續下跌。

最經典的應該是最後報導的這一段「中國投資人的座右銘是『鬥傻理論』——只要自己不是最大的傻瓜，自己就一定是贏家，差別只在贏多贏少。對股市缺乏正確認識的中國投資人，這回可能真做對了，至少暫時如此。凡事依循基本面的投資人現在則的確很不好過。」

結果呢？3 年後，依循基本面的還是勝出。

從過去分析新聞標題的經驗來看，當講到一些很誇張的用語，像是將會突破新高，還有 N 年的大多頭，明明很熱卻說沒很熱，或者是用羨慕的口吻說很多基金都賺大錢，尤其是看到大家都開始質借、增資、基金與 ETF 募資，錢都投入市場的時候，差不多就是該畫下休止符之日了。

《金價末升段的最後 1 個月》

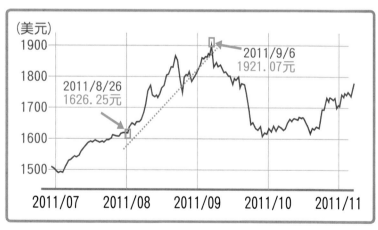

▲ 圖 4-8 2011/7-2011/11 黃金期貨指數（盎司）

歷史的經驗可以告訴我們許多人性的弱點，在探討近幾年的泡沫經驗，不可缺席的當然是黃金（如上圖 4-8）。

2000 年 1 月初，黃金價格不過才接近 300 元，2011 年 9 月 6 日最高來到了 1920.94 元（收盤 1872.90 元）。接著如同泡沫一樣的走勢，2018 年底，已經來到了 1,200 點，大約從高點跌掉了四成。

　　讓我們來檢視最後大約 1 個月，有就是 2011 年 8 月 1 日收盤的 1619.10 元，一直到 9 月 6 日最高來到 1920.94 元（收盤 1872.90 元），這一段期間的新聞標題有什麼？是不是也和前述上證來到 5,100 點的情況類似呢？（如右表）

　　無論是上證或者是黃金的相關新聞，我們可以發現提醒風險的新聞比例相當低，都是充滿樂觀的文字，且充滿情緒性的新聞報導，會讓投資者更盲目地失去正確的判斷能力，最高點瘋狂地投入，套在最高的人性再次展現。

新聞類型	相關新聞標題
熱絡的氣氛	大陸黃金需求年底冠全球 (8/3)…1660.7(8/3) 漲太猛……拉回再加碼 (8/10)…1794.5(8/10) 金價狂飆德州掀淘金熱 (8/15)… 1765.9(8/15) 上海民眾赴港搶金條一口氣買 225 萬元 (8/18)… 1823.69(8/18) 金龍條塊 6 萬條 3 天賣光 (8/23)…1829.5(8/23) 基本面有撐金價多頭仍在 (9/5)…1899.60(9/5) 歐股暴跌油挫金飆 (9/6)…1872.90(9/6)
主管機關	（略）
利用高名氣來背書	麥嘉華：金價沒有泡沫化 (9/7)「末日博士」麥嘉華 (Marc Faber) 不認為金價已顯露泡沫化跡象，理由是全球央行仍在增加貨幣供應量。…1816.60(9/7)
鼓勵有低就買	金價長多短線洗三溫暖 (8/26)…1827.3 (8/26) 金價急跌別急著停損 (8/26)…1827.3 (8/26)
負面消息少	胡立陽預測金價將崩跌 (8/27)…1827.3(8/26) 黃金泡沫快爆了別再追高 (8/31)…1823.3(8/31)
遙遠的時間、指數與希望	金價高檔震盪分批布局 (8/11) 已有投信業者預測金價明年將達 2000 美元以上。…1765.6 (8/11) 金價還會衝別急著下車 (8/11) 國際金價不斷創新高，寶來投信昨 (10) 日上調今 (2011) 年、明年黃金高點目標價，分別為 1,935 美元和 2120 美元。…1765.6(8/11) 金價再飆年底挑戰 2,000 美元…1829.5(8/23) 金避險價值大後市不看淡 (8/29)…1787.25(8/29) 瑞銀：金價明年衝 2,075 美元 (9/9)…1855.50(9/9)
需求：資金潮	南韓央行狂掃黃金 (8/3)…1660.7(8/3) 金礦基金看漲 (8/4) 國內核備銷售的七檔黃金基金平均漲了 5.07%，投資人可考慮布局金礦股基金。…1647.7 (8/4) 搶黃金砸上千萬不手軟 (8/10) 不少大陸投資人近日也開始大買黃金，據新京報報導，一位大陸民眾甚至花了上千萬元一口氣買進 7 公斤黃金。…1794.5(8/10) 全球央行 Q2 黃金採購增四倍 (8/19)…1852(8/19) 瘋黃金新興國家買不停 (9/2)…1883.10(9/2)

俄羅斯的災難投資法

《災難投資法的 W 底》

很多人都聽過 W 底，但大多數是去背口訣，所以常常會用錯，明明是要繼續下跌的 M 肩，卻看成要上漲的 W 底。然而，不管是哪一種型態，第一次彈起，投資人都會很興奮，覺得看到了未來，然而當再次崩落，被澆了一盆冷水，覺得未來又不再存有希望。前面無論是中東、日本、中國或者是俄羅斯，在底部的反彈都出現過，我將之取名為「災難投資法的 W 底」。

舉個台股加權指數的例子來說（如右圖 4-9），2000 年 4 月 6 日最高來到 10,328.9 點，2001 年 9 月 26 日最低來到 3,411.68 點，下殺了約 7,000 點，這麼短的時間，跌幅當然是相當驚人。

接著開始反彈，2002 年 4 月 22 日反彈了大約 3,000 點，當日最高來到 6,484.93 點，好景不長、開始下殺，一路又殺回 3,845.76 點（2002 年 10 月 11 日），與先前的低點已經相去不遠，但是並未破前低。

如果未破前低的話，代表著人們預估前一個低點已經是低點了，現在雖然還沒回到上次最低點，但既然已經接近低點，現在買進的成本雖然稍微高，但仍然是相對低的買進點，怕不會再跌，現在不買可能就沒機會買了。

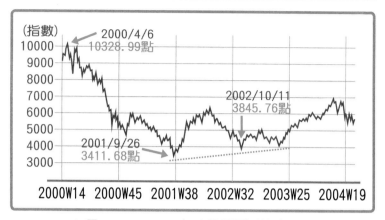

▲ 圖 4-9 2000-2004 年 台股股價指數趨勢圖

許多投資朋友常假設來到低點，自己將會全部身家梭哈，甚至豪情壯志地說一定會把房子抵押借錢來買股票，可是當我們回到歷史的低點時，卻發現是超低量，只有少數冷靜者會介入，如同前面的兩個低點：

時間	成交量	註解
2011 年 9 月 26 日 3,411.68 點	成交量 僅 606 億元	前幾天 9 月 21 日 收 盤 3,591.85 點才 130 億元
2002 年 10 月 11 日 3,845.76 點	成交量 僅 461 億元	前幾天 10 月 7 日跌破 4,000 點，來到 3,910.50 點，才 354 億元

所以當市場來到低點，投資人的雙腳是冰涼的，動都動不了，大多無法跑到銀行將房屋貸款下去，只能抱著殘餘的資產，希望資產價格不要再下滑了，所以成交量大幅度降低。量最低的時候，通常就與那一段期間的低點相去不遠。

其次，如果 W 底的右邊低點未低於左邊低點，也是符合人性的描述，因為人們認為接近低點，會願意在接近低點的時候繼續買進，而不會等到低點才買進，於是出現 W 底的右邊低點高於左邊低點的現象，如果出現此一現象，則未來走高的機率將比較大。

　　綜上，成交量低、右低高於左低，則是低點常見的特徵值。

《俄羅斯的反彈與再次崩落》

　　再來談談俄羅斯的那一次：

　　如下圖 4-10 所示，左邊數來第一個點的位置買入，2014 年 12 月 12 日已經於前文中分析多次，約半年多的時間，就漲回大概 1,100 點（第二個點）。

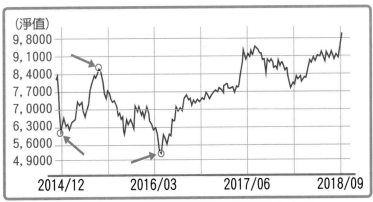

▲ 圖 4-10 2013/9-2018/9 摩根俄羅斯淨值走勢圖

　　我投資的俄羅斯基金也回升到 9 元，這時候跟著買進的朋友紛紛大喊「感恩師父、讚嘆師父」。只是好景不長，沒隔多久又下跌了，大概就在 2016 月 1 月至 2 月來到低點（第三個點，基金淨值收盤低點低於第一個點，但股市指數盤中低點則左邊較低），基金淨值又只剩下 6 元左右，這時候已經沒有稱讚的聲音，還聽到很多人暗暗地取笑，甚至是罵聲。

　　分享切入點，對回答者而言風險與壓力是很大的，尤其是朋友想要用單筆一次賺，這對分享者是一個困擾；當然大家或許會說投資就是要自己負責，別人分享的內容自己也要查證，可是人性本來就是懶得查證；從生物演化學的角度來分析，為了避免大腦負擔過重，大腦演化的容量是小小的，小小的大腦處理資訊是選擇性的，而且很依賴「外包」這種模式，聽專家的話就成為人性必然。在為了求取生存的長期演化下，人類又會習慣推責任，明明是自己沒判斷，但只要結果錯誤，對於提供資訊者就難免會抱怨。

　　所以，我如果分享某一個觀察點與趨勢給群組的朋友，會提供一些基礎查證的資料作為理由，朋友可以據此討論、回饋，我也可以因此獲得修正。

　　順帶一提的是，人類為什麼喜歡報牌？原因應該是人屬於群體生物，必須要互相幫助才能夠活得下來，因此資訊分享、感謝回饋、獲得滿足，是促進互相幫助的一種機制，尤其是要是有很高的準度，在「個體擇汰」的演化下，成為族群中的領導者，享受光環也是人性想要追求的目標。

《改進諸多缺點的俄羅斯投資》

俄羅斯基金因為還在投資進行式中，回首這第四次的災難投資法投資，第一筆定期不定額的投資（如下圖 4-11 左邊第一個圓圈），也是歷經一段崩跌之後，才開始扣款；大約 4 個月不到，也就是 2014 年 12 月遇到了千載難逢的低點，相對高檔扣的單位數不多，低點趕緊單筆切入。

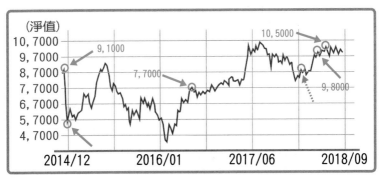

▲ 圖 4-11 2015-2018 年 摩根俄羅斯基金淨值走勢圖

賣出點，也都在快速走高的泡沫點，不會發生過去太早贖回，而且平均贖回的錯誤方式，改正過去的缺點後，贖回所換的資金又持續定期不定額的方式投入，符合高檔賣出、定期不定額降低買入成本。

最後，再將這四次投資的各個項目相互比較：

如次頁表所列出俄羅斯的缺點項目提到了「投資時間若是太長，定期不定額會在比較高的價格區間購入較多單位」，這是因為俄羅斯的股市指數長期在 1,000 到 1,300 點徘徊，於 2018 年底之前，已經長達快 3 年的時間。

也就是說定期不定額的平均成本從大約 900 點逐步上升到

1,100 點,雖然定期不定額於高檔會減少購買基金的金額,但只是少買而不是不買,如果要避免平均成本持續攀升,除非預期未來會有更高指數的期待,否則有必要適時地停扣。

內容	中東	日本	中國	俄羅斯
有無單筆	無	無	無	有單筆基金
投資方式	基金 定期不定額	基金 定期不定額	基金定期不定額、搭配每月定期定額買入 ETF	基金定期不定額為主,搭配低點單筆
投資原因	茉莉花革命	311 地震	股市泡沫破滅	國際制裁、油價下跌
第一次投資時間	1 個月後	5 天後	基金相對低點 ETF 加碼是幾乎最低點	定期不定額在相對低點;單筆在絕對低點
第一次贖回時間	1 年 7 個月	1 年 7 個月	1 年 8 個月 贖回位置在相對高點	1 年 9 個月 贖回都是突然走高的泡沫點(第一次的切入點比較晚)
投資期間	2011/2/14- 2013/4/26	2011/3/16- 2013/4/26	2011/5/12- 2015/2/25	2014/8/12- 迄今
總報酬率	11.69%	10.67%	20.14%	目前已贖回報酬率19.19% 未 贖 回 部 分23.94%
缺點	太早開始贖回	太早開始贖回	選擇基金與上證走勢關聯性不高	低點單筆金額不夠投資時間若是太長,定期不定額會在比較高的價格區間購入較多單位

《分批獲利金額比例、獲利率的改善》

看一下次頁表格，有的分成六次贖回，有的分四次贖回，通常都是依據微笑曲線的走勢，愈後面贖回的獲利率會隨著走到微笑的右邊高點使得獲利率變高，所以災難投資法要忍得住。

內容	中東	日本	中國	俄羅斯
1	2.90%	0.32%	11.97%	5.39%
2	2.09%	2.71%	15.98%	14.68%
3	9.59%	9.74%	26.56%	（單筆）41.65%
4	17.87%	9.94%	23.07%	23.62%
5	15.70%	19.64%		29.07%
6	19.00%	22.01%		
平均	11.69%	10.67%	20.14%	（持續投資中）

既然前面的報酬率通常不高，所以贖回金額的比例應該也要低一些。

接著我們看一下每次贖回金額的比例（參照下圖 4-12）。

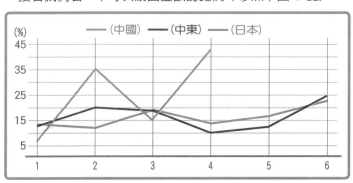

▲ 圖 4-12 日本、中東、中國基金贖回金額比例圖

在表中可以發現通常在第二次、第三次都會偏高，中國的部分是第二次過高太早賣，第三次壓很低；無論如何，因為前面贖回的比例過高，往往會導致後面已經無額度可以贖回，使得獲利率降低不少。

　　由上述圖表的分析，隨著投資經驗的豐富，對於人性的缺點已經可以慢慢地掌控，有下列幾個明顯的改變與未來的期待：

①不會在事件一發生就開始投入資金，等到接近低點再切入。

②定期不定額外，在低點敢單筆購入，但大額單筆還是不敢。

③比較不會發生還在低點區，只是相對高點就賣的缺點，會等到泡沫型態出現，猛然的爆高點才賣。

④早期低點贖回的單位數較高，現在初期贖回所賣的單位數都比較少。

⑤會保留一些單位數，等待更高的高點，以提高整體報酬率。

結　論

《災難投資法的基礎知識》

之前看了大陸電視劇「三國」，當曹操赤壁之戰大敗，司馬懿用了些心計重新出馬擔任曹操的股肱大臣。司馬懿在曹操面前也承認，若不是發生赤壁之戰的失敗，司馬懿這麼有才華的人向曹操請纓出馬，也頂多就換個一縣之長；直到曹操大戰失敗，正所謂「日落西山你不陪，東山再起你是誰」，勢頭正弱的曹操，現在正屬於日落西山，司馬懿雪中送炭，才掌握住極佳的機會。換言之，災難投資法並不難懂，就是在低價得以買進的機會進行投資，未來才能有極佳的報酬。

災難投資法是以全世界為投資標的，因此必須具備國際視野，還要有數據分析能力，才能夠對各個國家、商品的未來有所掌握，譬如說日本、台灣等發展成熟國家已經沒有人口紅利，除非開放外來人口，否則未來幾年將成為老人經濟時代。

《人性》

很多人常在抱怨怎麼台股還不下跌，高點拍胸脯保證低點絕對梭哈投資，但這些抱怨、拍胸脯的意義不大，因為正常人在低點一來的時候，早就嚇到「腳麻」不敢動，頂多發抖投資個10%，哪裡敢梭哈投資。

低點是需要等待，但人性不喜歡等待，所以災難一發生就梭哈投資，結果是容易買在高點；既然人性如此，當你急著想要投資的時候，只能小額進場，一定要出現低檔特徵值之際，像是交易量凍結、W底（右底高於左底）、匯率急速貶值、利率急速噴出、股市崩跌等現象，才是大額進場的時機。

災難投資法的一個重要心法，就是當市場崩跌的時候，國家

是人的集合體，執政者擔心局勢不穩影響選票或政權，會採行一些極端策略救市，而且採行的救市策略通常會讓投資人嘆為觀止，像是印鈔、滬港通、暴升利率等措施，當這些措施實施之後，也就是持有標的淨值快速上漲之機會。

《挑選標的與工具》

一棵樹守株待兔等到死，還不如整個樹林尋覓對象；與其單戀台股一枝花，苦苦癡等台股 3,955 點再次來臨，還不如眼觀國際四方，舉凡國家、區域、原物料、農產品、匯率等，只要以可以投資的標的，都可以列為觀察目標。

挑選工具時，要選擇能與投資標的走勢「關聯性」要高，我在投資中國上海股市時，選擇到比較差的工具，兩者關聯性沒那麼高，當上海股市暴漲 70% 時，手中的基金才漲了 40%，讓自己整體報酬率降低。

絕對低點單筆操作，相對低點定期不定額。這兩個心法可以讓成本愈低，成本夠低時，只要稍有反彈就是賺，不會因為成本過高，一直在虧損的煩惱中，稍一反彈就容易賣出，使得最後的投資報酬率降低；換言之，會挑絕對與相對低點，分別以單筆與定期不定額的方式投資。

投資的心理壓力愈低，投資的成果愈甜蜜。

《實戰經驗》

嘴巴說的人性 3 分鐘講完，3 天也可以看完筆者的書，然而實際上操作卻是 5、10 年的歷程。我向來鼓勵年輕人 6 個月就可以成為中階投資高手，3 年就可以擁有頂尖的投資知識，然而要

再過 7 年，總計 10 年才能修練完內心。

　　如同筆者所寫的《理財幼幼班：慢賺的修練》，這算是理財幼幼班的第一本書，與其他討論技術分析、籌碼分析或價值分析有所不同，主要就是介紹內心必須經過時間的長期修練；當承認自己不過是一頭野獸，仍然保留荒野世界的習性，所以來到科技時代的今日，來不及演化的野獸面對複雜的事件時，容易出現錯誤的決策；當你理解某一種情況可能會發生特定錯誤時，才能夠控制自己的大腦，避免這些錯誤的發生。

　　早期每一次操作都有一樣的現象，尤其是一樣的缺點，諸如：災難一發生就搶進投資、低點反彈後再跌、反彈容易賣、太早太低就贖回、前幾次贖回的金額過高、太早贖光等；不過，隨著每次災難投資法實作後的檢討，不斷學習泡沫的知識與人性的本質，人性的基因不認真理解，歷史的錯誤就會反覆發生；唯有一次又一次的檢討，才發現問題點在哪裡，報酬率逐漸上升，缺點逐漸減少。

《圖解法學緒論》

法學緒論難讀易混淆
圖例解析一次就看懂

　　法學緒論難以拿高分最大的問題在於範圍太廣，憲法、行政法、民法、刑法這四科，就讓人望而生畏、頭暈目眩了。筆者將多年分析的資料整理起來，將歷年菁華考題與解析集結成冊，讓讀者能隨時獲得最新的考題資訊。

《圖解行政法》

行政法體系龐雜包羅萬象
圖解行政法一本融會貫通

　　本書以考試實務為出發點，以理解行政法的概念為目標。輔以淺顯易懂的解說與一看就懂的圖解，再加上耳熟能詳的實例解說，讓你一次看懂法條間的細微差異。使你實力加分，降低考試運氣的比重，那麼考上的機會就更高了。

《圖解憲法》

憲法理論綿密複雜難懂
圖例解題讓你即學即用

　　反省傳統教科書與考試用書的缺點，將近年重要的憲法考題彙整，找出考試趨勢，再循著這條趨勢的脈絡，參酌憲法的基本架構，堆疊出最適合學習的憲法大綱，透過網路建置一套完整的資料增補平台，成為全面性的數位學習工具。

最深入淺出的國考用書

《圖解民法》

民法千百條難記易混淆
分類圖解後馬上全記牢

　　本書以考試實務為出發點，由
時間的安排、準備，到民法的體系
與記憶技巧。並輔以淺顯易懂的解
說與一看就懂的圖解，再加上耳熟
能詳的實例解說，讓你一次看懂法
條間的細微差異。

《圖解刑法》

誰說刑法難讀不易瞭解？
圖解刑法讓你一看就懂！

　　本書以圖像式的閱讀，有趣的
經典實際案例，配合輕鬆易懂的解
說，以及近年來的國家考試題目，
讓讀者可將刑法的基本觀念印入腦
海中。還可以強化個人學習的效率，
抓準出題的方向。

《圖解刑事訴訟法》

刑事訴訟法程序易混淆
圖解案例讓你一次就懂

　　競爭激烈的國家考試，每一分
都很重要，不但要拼運氣，更要拼
實力。如果你是刑事訴訟法的入門
學習者，本書的圖像式記憶，將可
有效且快速地提高你的實力，考上
的機率也就更高了。

《圖解國文》

典籍一把抓、作文隨手寫
輕鬆掌握國考方向與概念

　　國文，是一切國家考試的基礎。
習慣文言文的用語與用法，對題目
迎刃而解的機率會提高很多，本書
整理了古文名篇，以插圖方式生動
地加深讀者印象，熟讀本書可讓你
快速地掌握考試重點。

《圖解失敗學好好用》

失敗 ≠ 無用；失敗 ≠ 魯蛇！
學習解析失敗，開啟事業巔峰。

　　曾任日本福島核電廠事故調查委員會委員長的作者，集結多年學術研究與實務輔導經驗，教你從中發現失敗的規則性，以及其中所蘊藏的契機，學習善用失敗學，不論企業營運或個人發展，皆能掌握先機、逆轉勝！

《圖解理財幼幼班 慢賺的修練》

魔鬼不只在細節裡，更在你的大腦裡；
從心理學、腦科學的角度切入，
抽絲剝繭找出最佳投資標的。

　　作者運用多年教授理財課程之經驗，點出初學者的投資理財盲點，從法律層面、心理學、腦科學角度切入，教你培養自己投資的眼光，找出理財的陷阱，打造財富自由的人生。

《圖解記憶法 給大人的記憶術》

誰說年紀越大，記憶力就越差？
日本大學聯考之神特別傳授的大腦
回春術！

　　不用羨慕別人的記憶力好，只要掌握大腦各區的喜好與特性，就能輕鬆記憶。本書教你透過訓練，學習記憶的3步驟、10個提高記憶效率的基本原則，聰明活化大腦，破解記憶盲點，擺脫健忘毛病。

—— 最全方位實用書籍

《圖解魅力學 人際吸引法則》

好人緣不是天生，善用技巧，就能成為魅力高手！

從系統一（感性）與系統二（理性）觀點出發，瞭解大腦思考模式和行為心理學，不只可以運用在人際關係，市場行銷上更是隨處可見，運用這些行銷手法，就能建立自我品牌形象，成功推銷自己、打造好人緣！

《圖解小文具大科學 辦公室的高科技》

給追求知識與品味生活的文具迷，一本不可不知的文具科學圖解書。

文具產業可說是科學技術發展的博物館，集結了現代科學如數學、化學、光學等技術之精華，本書挑選常用的代表性文具，解析其發展歷程與科學秘密，透過本書上一堂令人驚嘆的文具科學課！

《圖解人體解密 預防醫學解剖書》

瞭解人體的奧妙，自己的身體自己保養。

醫學相關知識在一般人的印象中是難懂的，作者用淺顯易懂的例子搭配圖解，從功能性著手介紹人體組織架構，從最小的細胞到全身的器官、骨骼；從外在皮膚到內部器官運作，藉此掌握養生秘笈。

《圖解二十一世紀資本論 皮凱提觀點完全解說》

皮凱提經濟分析的濃縮精華書！

「二十一世紀資本論」究竟在談論什麼？為什麼能風靡全球？專為那些沒時間看或看不懂的讀者，統整5個章節、80項主題，從讀者最常遇到的問題點切入，配合圖解、深入淺出地解說皮凱提的經濟觀點。

國家圖書館出版品預行編目(CIP)資料

圖解 理財幼幼班3 災難投資法
錢世傑 著;第一版.
台北市:十力文化,2019.02
頁數:240頁 開數:128*188mm
ISBN:978-986-95919-5-9(平裝)
1. 理財 2.投資
563 108000187

圖解 理財幼幼班3
災難投資法 亂世求勝的生存法則

作　　者 錢世傑

責任編輯 吳玉雯
內文插圖 劉鑫鋒
封面設計 林子雁
美術編輯 劉詠軒

出 版 者　十力文化出版有限公司
發 行 人　劉叔宙
公司地址　116 台北市文山區萬隆街 45-2 號
通訊地址　11699 台北郵政 93-357 信箱
電　　話　02-2935-2758
網　　址　www.omnibooks.com.tw
電子郵件　omnibooks.co@gmail.com
統一編號　28164046
劃撥帳號　50073947

I S B N　978-986-95919-5-9
出版日期　2019 年 2 月
版　　次　第一版第一刷
書　　號　D1902
定　　價　320 元

地址：

姓名：

正　貼

郵　票

十力文化出版有限公司　企劃部收

地址：11699 台北郵政 93-357 號信箱

傳真：（02）2935-2758

E-mail：omnibooks.co@gmail.com

　　無論你是誰，都感謝你購買本公司的書籍，如果你能再提供一點點資料和建議，我們不但可以做得更好，而且也不會忘記你的寶貴想法喲！

姓名／　　　　　　　　性別／□女□男　　生日／　　　年　　　　月　　　　日
聯絡地址／　　　　　　　　　　　　　　連絡電話／
電子郵件／

職業／□學生　　　　　□教師　　　　　□內勤職員　　□家庭主婦　　□家庭主夫
　　　□在家上班族　　□企業主管　　　□負責人　　　□服務業　　　□製造業
　　　□醫療護理　　　□軍警　　　　　□資訊業　　　□業務銷售　　□以上皆是
　　　□以上皆非　　　□請你猜猜看
　　　□其他：

你為何知道這本書以及它是如何到你手上的？
　　　請先填書名：
　　　□逛書店看到　　□廣播有介紹　　□聽到別人說　　□書店海報推薦
　　　□出版社推銷　　□網路書店有打折　□專程去買的　　□朋友送的　　□撿到的

你為什麼買這本書？
　　　□超便宜　　　　□贈品很不錯　　□我是有為青年　□我熱愛知識　□內容好感人
　　　□作者我認識　　□我家就是圖書館　□以上皆是　　　□以上皆非
　　　其他好理由：

哪類書籍你買的機率最高？
　　　□哲學　　　　　□心理學　　　　□語言學　　　□分類學　　　□行為學
　　　□宗教　　　　　□法律　　　　　□人際關係　　□自我成長　　□靈修
　　　□型態學　　　　□大眾文學　　　□小眾文學　　□財務管理　　□求職
　　　□計量分析　　　□資訊　　　　　□流行雜誌　　□運動　　　　□原住民
　　　□散文　　　　　□政府公報　　　□名人傳記　　□奇聞逸事　　□把哥把妹
　　　□醫療保健　　　□標本製作　　　□小動物飼養　□和賺錢有關　□和花錢有關
　　　□自然生態　　　□地理天文　　　□有圖有文　　□真人真事
　　　請你自己寫：

力
十
文化